JN190454

地方災害と防災福祉コミュニティ

浅間山大噴火被災地復興・発展の教訓

川村 匡由 著

大学教育出版

はじめに

日本の地域福祉の源流は明治期、宗教家や社会事業家などによる社会事業ではなく、江戸時代中期の浅間山「天明の大噴火」被災地の生存者の自助や互助、周辺の村の名主の共助、さらには藩や幕府の公助だった——。

過去約30年に及ぶ調査研究の結果を踏まえ、2016（平成28）年に上梓した『地域福祉源流の真実と防災福祉コミュニティ』（大学教育出版）でこのような新説を披露したところ、地域福祉や地方自治、歴史学、地震学、火山学、防災科学など各界の関係者から大きな反響をいただいた。なかには、その後、被災地はどのようになったのかなどのご質問を寄せられた読者諸兄姉もみられた。

実は、被災地の上野国吾妻《あがつま》郡鎌原《かんばら》村は「明治の大合併」により、当時、10あった周辺の村と合併し、群馬県嬬恋《つまごい》村となったものの、その後、村そのものが日本一の高原キャベツ村およびリゾート地として発展する一方、生存者の子孫や縁者は先祖の供養を今も続け、その持続可能性を図っている。

そこで、その続編として、また、地方災害における被災地の復興および発展のポイントは農林水産業と観光産業であり、かつ今後の地方の持続可能のため、防災福祉コミュニティの形成の必要性について述べたのが本書である。

なお、防災福祉コミュニティの形成については既刊の『防災福祉のまちづくり』（水曜社）、『脱・限界集落はスイスに学べ』（農文協）も併せてご高覧のうえ、参考にしていただければ幸いである。

いずれにしても、調査にご協力いただいた嬬恋郷土資料館ガイドボランティア会会長の宮崎光男氏をはじめ、嬬恋村観光協会事務局長の黒岩隆徳氏など同村や全国各地の自治体、東日本大震災（東北地方太平洋沖地震）の被災地復興ツアーを企画、参加させていただいた学校法人立命館社会連携部校友・父母課、および大学教育出版社長の佐藤守、編集部の社彩香両氏に大変お世話になった。貴重な紙面をお借りして深く感謝したい。

2018（平成30）年　1月

川村　匡由

地方災害と防災福祉コミュニティ
――浅間山大噴火被災地復興・発展の教訓――

目次

地方災害と防災福祉コミュニティ

――浅間山大噴火被災地復興・発展の教訓――

第1章

浅間山「天明の大噴火」被災地の復興

1　「天明の大噴火」

(1) 浅間山

浅間山は日本列島のほぼ中央部の長野県軽井沢町、御代田町《みよたまち》、小諸市《こもろ》、東御市《とうみ》、群馬県嬬恋村、長野原町にまたがり、そびえるコニーデ式(1)の連峰で、かつ三重式の複合火山である(資料1—1)。

最高峰は長野県側の釜山(同2568メートル)で、これに第一外輪山の黒斑山《くろふやま》(同2402メートル)や牙山《きっぱ》(同2111メートル)、剣ヶ峰(同2281メートル)、第二外輪山の前掛山(同2524メートル)、離山《はなれやま》(同1256メートル)、石尊山《せきそんさん》(同1688メートル)、さらに群馬県側の篭ノ登山《かごのとやま》(同2227メートル)、湯ノ丸山(同2101メートル)などの寄生火山(2)を従えている。このため、これらの山々を合わせて浅間連峰といわれている。

(2) 地　勢

気候は本州中央高原型で、かつ内陸部とあって雨が少ない。気温は年平均20度前後と清涼なものの、冬はマイナス5~10度に下がる。年によっては約1メートルの降雪もみられるが、近年は

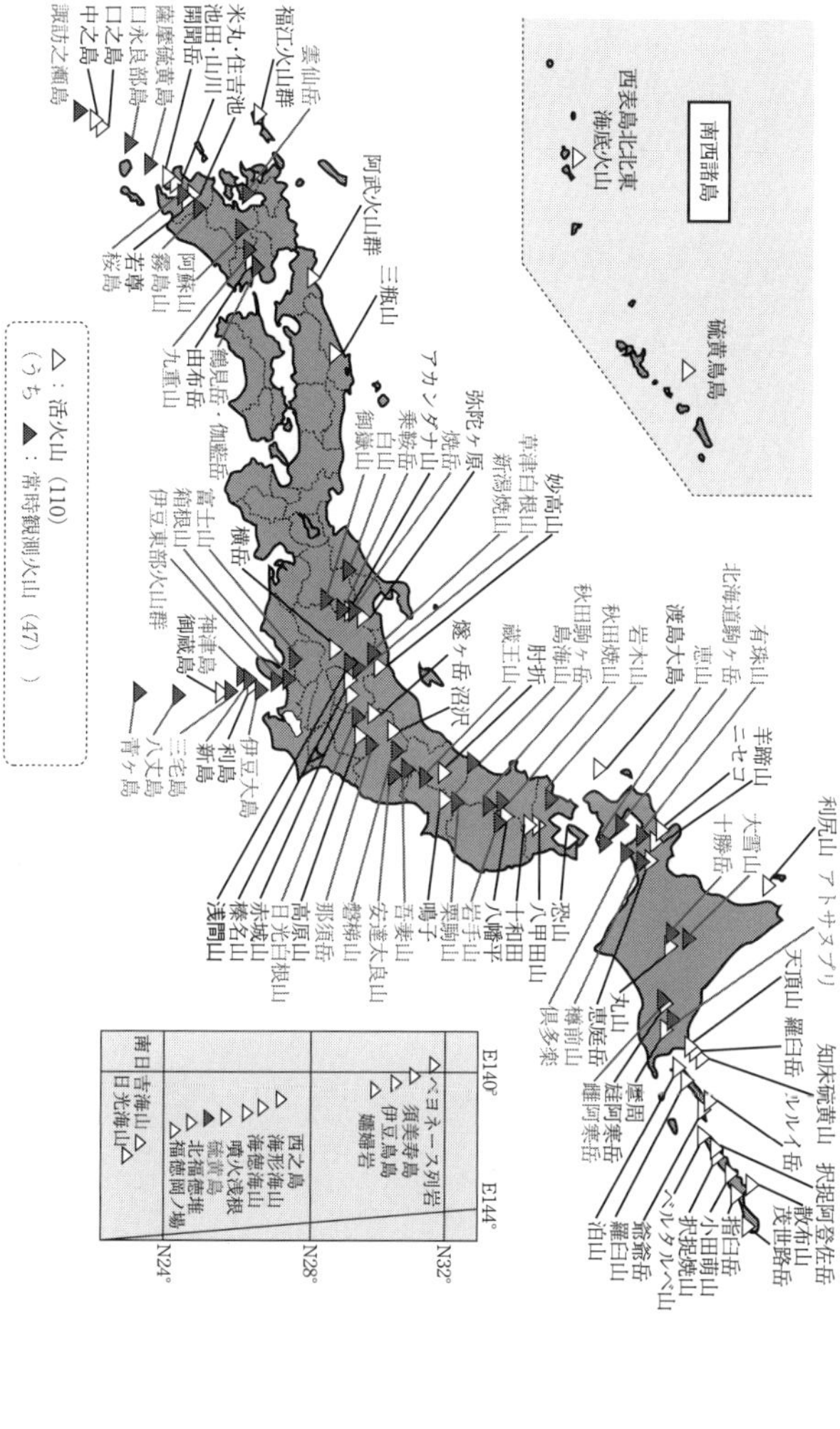

△：活火山（110）（うち ▲：常時観測火山（47））

資料1－1　浅間山の位置（出典：内閣府HP、2017年）

地球温暖化の影響のため、30〜40センチ程度にとどまっている。

高冷地で土地が痩《や》せているため、コメなどは収穫できないが、同700〜1400メートルの高原では春から夏にかけ、キャベツやレタス、トウモロコシ、ブルーベリーなどの農作物や乳牛、羊などの畜産業が盛んである。また、長野県側から仰ぐ姿は牧歌的で、明治から大正にかけ、北原白秋や堀辰雄、室生犀星などの文人墨客が避暑地として訪れ、多くの作品を残している（写真1―1）。

温泉も豊富で、星野温泉や千ヶ滝温泉、塩壺《しおつぼ》温泉、高峰温泉、菱野温泉などがあり、別荘やペンション、ゴルフ場なども多い。また、カラマツ林に囲まれた旧中山（仙）道周辺には聖パウロカトリック教会や当時の旅籠《はたご》を忍ばせる旅館、別荘、レストラン、喫茶店、ブティック、土産物店が軒を並べる旧軽銀座、

写真1−1　牧歌的な長野県側の浅間山
（佐久市の長野種畜牧場にて）

写真1-2　芸能人も挙式をする聖パウロカトリック教会
（旧軽井沢にて）

写真1-3　旧中山道の宿場跡の旧軽銀座
（後方は離山：旧軽井沢にて）

写真1−4　ゴルフ場が広がる群馬県側の浅間山
（浅間隠山《かくしやま》の山頂にて）

浅間山に降り積もった雪が伏流水となり、岩場から染《し》み出る白糸の滝などが観光名所となっている（写真1―2、写真1―3）。

一方、群馬県側は北軽井沢と呼ばれ、浅間山の姿は釈迦(3)の涅槃《ねはん》絵を彷彿《ほうふつ》とさせ、長野県側と異なった静寂さに包まれている。浅間牧場をはじめ、万座《まんざ》温泉や鹿沢《かざわ》温泉などがあるほか、日本三大名泉の一つ、草津温泉（同県草津町）への中継点として知られており、長野県側と合わせ、上信越高原国立公園に指定されている（写真1―4、写真1―5）。

(3) 歴　史

北軽井沢は同800～1400メートルにある高原で、軽井沢以上に清涼な気候風土で、古来、鳥獣や果実の栽培などに恵まれている。このため、縄文時代に人々が住みつき、関東、中部地方の高地の縄文文化(4)の影響を受け、発展してきたものの、古代国家が成立するころまでは目立った動きはみられなかった。

しかし、律令体制末期の平安初期、各地に住居がつくられ、集落が形成されるようになった。このうち、鎌原村など周辺の11の村（現群馬県嬬恋村鎌原地区など11区）は三原庄、あるいは吾妻庄といわれ、信濃源氏の末裔《まつえい》といわれる海野《うんの》氏の支配下にあった。

鎌倉時代になると、同村は海野氏の一族である下屋氏が治め、やがて、その子孫である鎌原氏の支配下に置かれた。室町時代、農業を生業とする集落が形成されたのち、戦国時代から江戸時代にかけ、上田村（現長野県上田市）との境にある鳥居峠（仁礼《にれい》街道・大笹街道・信州街

写真1-5　歌謡曲「丘を越えて」の歌碑もある浅間牧場
（後方は浅間山：北軽井沢にて）

写真1−6　旧鎌原村と旧上田村を結んだ鳥居峠
（上田市との境の嬬恋村田代地区にて）

道。現国道144号線）が設けられ、中山道の脇道として栄え、大名や商人、旅人、長野市の善光寺に詣でる善男善女、草津温泉の湯治客などの往来でにぎわった（写真1―6）。

戦国時代、真田《さなだ》氏の領地となり、武田信玄の家来でありながら織田信長や豊臣秀吉、徳川家康に仕え、上田村を領したあと、同峠を越え、長野原村（同群馬県長野原町）から沼田村（同沼田市）に通ずる浅間山の裾野を切り拓いた。そして、上田城と沼田城の間の物資や武器の輸送、軍事情報の交換などのため、真田道を設けた。

江戸時代、江戸と仁礼村（同長野県須坂市仁礼地区）から須坂村（同須坂市）を経て善光寺、飯山村（同飯山市）に通じる信州（同長野県）と越後（同新潟県）を結ぶ信州街道が整備され

資料1-2　嬬恋村の全図
（出典：嬬恋村観光協会旅ナビ嬬恋マップ、2017年）

た。このため、真田藩など信州の諸藩だけでなく、加賀（同石川県）の前田藩など北陸の各藩の参勤交代に使われ、大笹村（同群馬県嬬恋村大笹地区）の大笹街道に関所が設けられた（資料1―2、写真1―7）。

（4）「天明の大噴火」

浅間山は古くから噴火活動が絶えず、約1万～1000年前の爆発によって東側の半分が噴き飛ばされ、残ったものが黒斑山や剣ヶ峰、牙山となったが、その後も大小の噴火が続き、小浅間山や石尊山、さらに、700年前の大噴火でカルデラ内に中央火口丘や前掛山、東前掛山ができた。そのなかでも最大の爆発が前掛山の「天明の大噴火」だった。

中央防災会議・災害教訓の継承に関する専門

写真1-7　大笹街道に設けられた大笹関所
（当時の位置は左手：大笹地区にて）

委員会「1783　天明浅間山噴火報告書」（2012年）や筆者の調査の結果、1783（天明3）年7月8日（新暦8月5日）午前10～11時、マグニチュード（M）4・8のプリニー式噴火により大量の土砂雪崩《なだれ》や溶岩流、火砕流が前掛山の山頂一帯から時速100～120キロメートルの猛スピードで鎌原村などに流下、周辺一帯を直撃した。

（5）被災状況

この影響で死者483人(5)と被災地のなかで最も被害が大きかった鎌原村は、ほかに130戸余りの家屋が倒壊したり、埋没したりした。当時、村の人口は116戸(6)、597人で、辛うじて難を逃れたのは村外れの高台にあった鎌原観音堂に避難した93人(7)のほか、たまたま草津温泉へ行商に出かけたりして不在の21人だけだった。

そこで、これらの生存者計114人のうち、恐怖と前途を悲観して離村する者も出て、最終的に村に残ったのは55人だけだった。しかも、夫婦とも無事だったのは20組ほどにすぎず、あとは夫婦とも死亡したり、いずれかが残されたりした。高齢者のなかには同居していた子ども夫婦を亡くした者もいた。村政を担う地方三役のうち、名主や組頭《くみがしら》計6人が死亡し、百姓代1人が残るだけだった。

2　被災地の復興

（1）生存者の自助と互助

噴火活動が約3か月後に収束すると、村に残った生存者は20～40歳代の夫婦や父娘など総勢約20人が被災地の一角に避難小屋2戸、家屋11軒をそれぞれ建て、街道や家並み、農地の整地に当たった。そして、配偶者を失った者同士は再婚、また、子どもを亡くした高齢者は親を亡くした子どもを養子に迎えるなど、身分の違いを超えて家族を再編、同年9～12月までに計29組の再婚が実現した。そのなかから百姓代と組頭を選ぶ一方、山や田畑などの互いの地権を白紙に戻し、一致団結して復興をめざすことになった。

当時、身分の上下関係や男尊女卑が厳しく、かつ婚姻は本人たちの意思よりも家の存続や子孫の繁栄のための手段として親同士が決めた相手とされていたため、生存者同士の「骨肉の争い」ならぬ「骨肉の一族」として取り組んだ家族の再編は世間を驚かせた。その5年後、1788（天明8）年、村内の一角の鎌原神社の脇に郷倉《ごうくら》を再建し、飢饉や災害時の農作物の備蓄に充てるなど自助と互助に努めた。

（2）周辺の村の名主の共助

この事態に対し、周辺の大笹村の黒岩長左衛門（大栄）、大前村（現嬬恋村大前地区）の大前五郎七、浅左衛門、干俣《ほしまた》村（同干俣地区）の干川小兵衛、大戸村（同東吾妻《あがつま》町大戸地区）の加部安左衛門の名主計5人は生存者に握り飯をつくって炊き出しをしたり、各所に御救《おすくい》小屋（8）を建てたり、自分の家や土蔵に保護したりして共助に努めた。また、地元の沼田、前橋、伊勢崎、高崎各藩に被災状況を報告するとともに、江戸に向かい、藩主らとともに幕府に被災地の実況検分や食糧代の支給、御救普請、年貢の減免を直訴した。

なかでも長左衛門は1784（天明4）年、私財を投じ、大噴火で湧き出た温泉を大笹村まで引いて湯小屋を建て、生存者を招いて癒《いや》した。さらに、浅間山の山水を生活用水や農業用水にすべく掘り進め、生存者たちに供給した。長左衛門は娘を鎌原村の名主の妻として嫁がせるなど、村の縁者だったからでもある。

しかし、人々の生業の場であった農地や街道は溶岩流や火砕流、土砂雪崩などで埋まってしまったため、生存者の自助や互助、周辺の村の名主の共助だけの被災地の再生などあり得なかった。

（3）藩および幕府の公助

そこで、沼田藩など各藩はその生活再建や復旧を名主とともに幕府に願い出た結果、幕府は同月、食糧代として7両3分余り（約68万円）、翌9〜10月、勘定吟味方改役《かんじょうぎんみかたあらたやく》の篠山十兵衛と仲田藤蔵を実況検分させ、岩鼻村（現群馬県高崎市岩鼻町）の代官を通じ、当座の資金として金100両（同800万円）を村に支給した。

また、同年8月末、金200両（同1600万円）を拠出し、被災地の一角に御救小屋を建てて生存者を保護した。さらに、同年8〜9月、食糧代や農具代、家屋の建築費、田畑の再開発費、街道の整備費、移住者の引っ越し代として金850両（同6800万円）を追加したほか、各藩に比べ、財政にゆとりがあった熊本藩に対し、金12万両（同216億円）の支援金を拠出するよう、大名手伝普請を命じた。

この藩と幕府の公助を受け、長左衛門ら名主は近郷近在から総勢約300人の作業員を集め、翌1784（天明4）年1月までに溶岩流や火砕流、土砂雪崩の除去や農地を掘り返し、新たな街道や集落の復旧に当たる一方、家屋や家財道具、材木、人馬などの後片付けや堤防の修復に努めた。また、周辺の各村の領民に対し、鎌原村への移住を奨励し、生存者の3倍以上の人口に増やすとともに街道を復元した。

そして、街道の中央に生活用水や農業用水の水路を設けるとともに、両側に幅18メートルごとに区割りをし、十間（間口18メートル）間隔に屋敷割りをして各戸に配置した。そのうえで、街道の両側に家屋や店、旅籠《はたご》を設ける一方、各家屋の裏手に1区画当たり広さ18平方メートルの農地を開墾、被災者に均等に配分し、応急工事を終えた。

その結果、被災者の生活再建や被災地の復旧・復興は生存者の自助と互助、周辺の村の名主の共助、藩と幕府の公助により、街道や家屋、旅籠、問屋などの家並みは噴火のあった同年、計11戸再建されたほか、農地などからなる屋敷割り、さらに農家や旅籠、問屋などの間取りも以前と変わらない家並みによみがえった。

そして、遅くとも幕末までに街道も引き続き中山道の脇道として人馬の往来や各種物資の輸送などによってかつての繁栄を取り戻し、生存者の自助と互助、周辺の村の名主の共助、藩と幕府の公助により、紀元79年（弥生時代）、イタリア・カンパニア州にたたずむヴェスヴィオス山（同1281メートル）が大噴火し、人口約2万人だったイタリアの古代都市、ポンペイが壊滅したヴェスヴィオス山大噴火被災地(9)と異なり、奇跡的に復興したのである（写真1―8）。

写真1-8　復興した旧鎌原村
(現嬬恋村鎌原地区の旧街道にて)

【注】

（1）円錐形の成層火山。
（2）火山の大噴火でその山腹や山麓にできた小さな火山。側火山ともいう。
（3）仏教の開祖。紀元前5世紀前後の北インドの人物。
（4）石器時代から狩猟、漁労、採集を中心とした時代の文化。
（5）1815（文化12）年、33回忌の様子を刻印した供養碑では477人とされている。
（6）95戸との説もある。
（7）51人、61人、95人ともいわれている。
（8）避難小屋。
（9）イタリア・カンパニア州のナポリ湾にたたずむ。

第2章

被災地のその後の発展

1　新生・嬬恋村と産業振興

（1）明治新政府の政策

この浅間山の「天明の大噴火」から約100年、徳川幕府は相変わらず藩主や御家人に対する保護政策の半面、領民に厳しい藩政を続けた。そこへ、アメリカなどの外国船が来航し、通商を求められたため、条約の締結に際し、朝廷の勅許《ちょっきょ》（1）を求めることになった。

そこで、公家《くげ》や薩摩（鹿児島県）、長州（山口県）藩など尊王《そんのう》攘夷派らが公家や朝廷による政治への転換を求め、討幕運動を展開した。このため、15代将軍、慶喜は1867（慶応3）年、大政奉還を上奏し、公儀政体の構築をめざしたところ、王政復古をねらったクーデターが勃発した結果、約260年続いた徳川幕府は廃止に追いやられ、翌1868（明治元）年、幕藩体制や摂関（2）などを廃止し、明治政府が誕生、欧米の列強にならい、文明開化と近代国家の建設をめざすことになった。

具体的には、江戸を東京に改めるとともに、都《みやこ》を京都から東京に移し、天皇親政のもと、太政官《だじょうかん》（3）を中心とした三権分立制を導入する一方、版籍奉還や二官六省を発足させたのち、議院内閣制を敷いた。また、約7万1000あった旧村を同1万の町村に再編した。これに伴い、約260あった諸藩を新政府に集中させ、集権国家とする一方、富国強兵と殖産興業を国是に各都道府県に対し、基幹産業の振興を呼びかけた。

(2) 新生・嬬恋村の誕生

鎌原村もその一つで、同年、周辺の田代、大笹、干俣、大前、門貝、西窪、芦生田、今井、袋倉、三原の計10の村と合併して嬬恋村(4)となり、同村鎌原地区として新たなスタートを切った。しかし、新政府は軍国主義へと暴走、中国（中華人民共和国）や韓国（大韓民国）、マレーシアなどアジア諸国を侵略したため、軍需景気に沸いて工業化が進んだものの、地方は一家の大黒柱となる若者が戦地に送られた。また、娘を身売りしたり、紡績工場の女工などとして出稼ぎをさせたりするなど貧困をきわめた。

新生・嬬恋村もしかりで、藩や幕府の公助もあって復興したものの、農地にはまだ火山礫《れき》が散在していたため、ムギやアワ、ヒエ、ジャガイモなどしか栽培できなかった。このほか、江戸時代の助郷さながら農耕兼荷役用の馬を飼い、運送業で現金収入を得ていた。それというのも、北軽井沢の浅間牧場は国内有数の軍用馬兼農耕馬の産地だったからである。おかげで周辺の旧村から鎌原地区に移住する者はほとんどなく、被災して86年経た1869（明治2）年になっても40戸、計167人にとどまったばかりか、その後、36戸、同143人とむしろ減る始末だった。

（3）木炭業と硫黄鉱業

それでも、村全体としては江戸後期から明治半ばにかけ、門貝（現嬬恋村門貝地区）、干俣（同干俣地区）、大笹の旧3村で炭焼き小屋が建てられ、昭和初期、年間約1800トンと生産のピークを迎えるなど新たな産業が興った。また、草津町との境にそびえる本白根山《もとしらねさん》（同2171メートル）の麓や長野県須坂市との県境の山中の小串《おぐし》（同干俣地区）、吾妻（同干俣地区）、石津（同今井地区）に硫黄鉱床が発見されたため、火薬や薬種の原料として珍重され、大正から昭和の初めにかけ、日露、日清戦争や第一次世界大戦を迎え、戦争特需にわいた。

さらに、第二次世界大戦（アジア太平洋戦争）後、朝鮮戦争の勃発によって景気が加速し、全盛期の1960（昭和35）年には従業員やその家

写真2-1　往時を忍ばせる小串鉱山の跡
（干俣地区にて）

族など計約5000人が現地に住み込んだため、小・中学校を開校、日本の近代化と戦後の復興に貢献するほど栄えた（写真2─1）。

旧三原村（同三原地区）の中居重十兵衛に至っては1854（安政元）年、東京・日本橋（中央区）に出店、採掘された硫黄を原料とする火薬を製造する一方、薬草や絹、木綿を故郷から取り寄せ、販売して商人として身を立てた。その後、横浜村（同横浜市）にも出店したが、1861（文久元）年、政争にまみれ、謎の死を遂げるまでの間、豪商として名を馳《は》せた。

もっとも、戦災復興から高度経済成長期に変わる昭和40年代、国のエネルギー政策が木炭や硫黄、さらに石炭から石油にバトンタッチされると木炭の生産や硫黄鉱業は軒並み衰退した。

一方、浅間山はその後も小規模の噴火を繰り

写真2-2　村で最大の地区となった旧鎌原村
（鎌原観音堂前にて）

返したものの、大規模な噴火には至らず、人々の家屋は草葺きから石置きやトタン屋根に換わった。また、農具も鍬《すき》や鎌から耕運機、軽トラック、トラクターやライトバン、さらには移動手段としてマイカーが普及するなどライフスタイルが一変、1950（昭和25）年、185戸、526人だった旧鎌原村の人口も1975（昭和50）年には197戸、997人と増え、村の人口の全体の約4分の1を占め、11の旧村のなかで最大の地区となった（写真2―2）。

2. キャベツの生産と出荷

(1) 原野の開拓

これに先立つ1883（明治16）年、明治政府は新たな土地政策に関連し、約1万3600ヘクタールもの国有林（地）が広がる浅間山北麓の南木山《なぎさん》（現北軽井沢）の入会権《いりあいけん》を否定する山稼ぎ禁止令を出した。このため、過去300年、農業と兼業だった旧鎌原村など六つの村の住民の有志369人が政府に対し、山稼ぎ禁止令の撤回と国有林の払い下げを求める請願書を出した。しかし、政府はこれを却下したため、以後、政府と住民の間で10年に及ぶ折衝が続いたものの、膠着《こうちゃく》状態だった。このため、大陸浪人(5)だった本城安太郎は、立木を面積の2分の1、土地を3分の1渡すむね双方に和解案を示したところ、ようやく和解にこぎつけた。

この結果、人々は従来の農業や馬に頼った運送業に加え、木炭の生産・販売などの木炭業によって生計を立てることになったが、この国有林の払い下げに至るまでには本城の幅広い人脈の活用、および住民運動に要した費用のすべてを私財で賄った、寝食を忘れての努力があった。そのなかの一人は近代医学の草分け的な存在で、官僚出身の佐々木政吉、そして、もう一人はその友人の満州国有鉄道（満鉄）(6)の総裁の後藤新平(7)だった。

(2) キャベツ栽培技術の導入

一方、田代村（同田代地区）に1889（明治22）年、南米のアンデス山脈（同約6000メートル）を原産とするキャベツの栽培の技術が伝えられ、試験栽培した。その結果、生産高

写真2-3　塚田國一郎の顕彰碑
（大前地区にて）

は大正から昭和に入って飛躍的に伸び、村の農業の主役に躍り出た。

その原動力となったのが、当時、同村の村長だった戸部彪《ひょう》平に請われ、田代村農会（現農業協同組合：農協）の駐在技術員として赴任した塚田國一郎で、浅間山の噴火で降下した火山灰が風化してできた黒ボク土といわれる土壌に注目し、ジャガイモとハクサイの試験栽培に着手、馬に乗せて東京で販売した結果、評判を呼んだ。このため、地元の農家にこれらの栽培と出荷を奨励し、嬬恋キャベツを全国的なブランド野菜に仕立て上げた（写真2―3）。

もう一人はその戸部と父の常太郎である。父子は1909（明治42）年、広さ約750町歩（同750ヘクタール）の火山灰の原野に牛馬約600頭を放牧して田代牧場を経営、畜産業に乗り出したほか、1913（大正2）年、850町歩（850ヘクタール）に拡大、嬬恋、湯の丸両牧場をしのぐ活況を呈した。その後、ともに村長に就任したが、上述したように、とくに彪平は1928（昭和3）年、農業振興5か年計画を策定、塚田を招き、キャベツなどの高原野菜の栽培の技術を広めるとともに、政府に村

写真2-4　高原キャベツを推奨した戸部彪平
（出典：嬬恋村制施行100周年記念事業写真集編集委員会編『写真で見るふるさと嬬恋のあゆみ』嬬恋村、1989年）

内から長野県境の鳥居峠までの大笹街道の拡幅工事を陳情し、大消費地の東京、名古屋、大阪方面に出荷するための道路を確保するなど貢献した（写真2―4）。

一方、森田啓次郎ら地元の青年7人は1929（昭和4）年、同計画にもとづき、キャベツ栽培の先進地だった岩手県沼内町（現岩手町）へ、その共同栽培と出荷の方法を学ぶため、研修に出向いた。そして、帰郷後、地元のキャベツ農家10戸を1組とし、キャベツの栽培から収穫、出荷などの共同農法を導入した。

(3) 道路の拡幅と用水の確保

旧田代村がキャベツ栽培の最適地であることに目をつけたのは上田村（現長野県上田市）の青果商、青木彦治で、地元の農家に種子や資材を貸し付け、収穫したキャベツを買い取る特約を結んだ。そして、鳥居峠を経て上田村に通ずる大笹街道が国道144号線として拡幅されたため、トラックによってキャベツを東京や名古屋、大阪方面にまで大量出荷できることに奔走した結果、品質のよさと美味が高く評価された。おかげで、1948（昭和23）年の農業協同組合法の制定・施行に伴い、田代、嬬恋、嬬恋開拓、仙ノ入の四農協（現嬬恋農協）が設置され、キャベツの生産が村の産業のメインとなった（写真2―5）。

現に、1913（大正2）年、約850ヘクタールにすぎなかった作付け面積は2014（平成

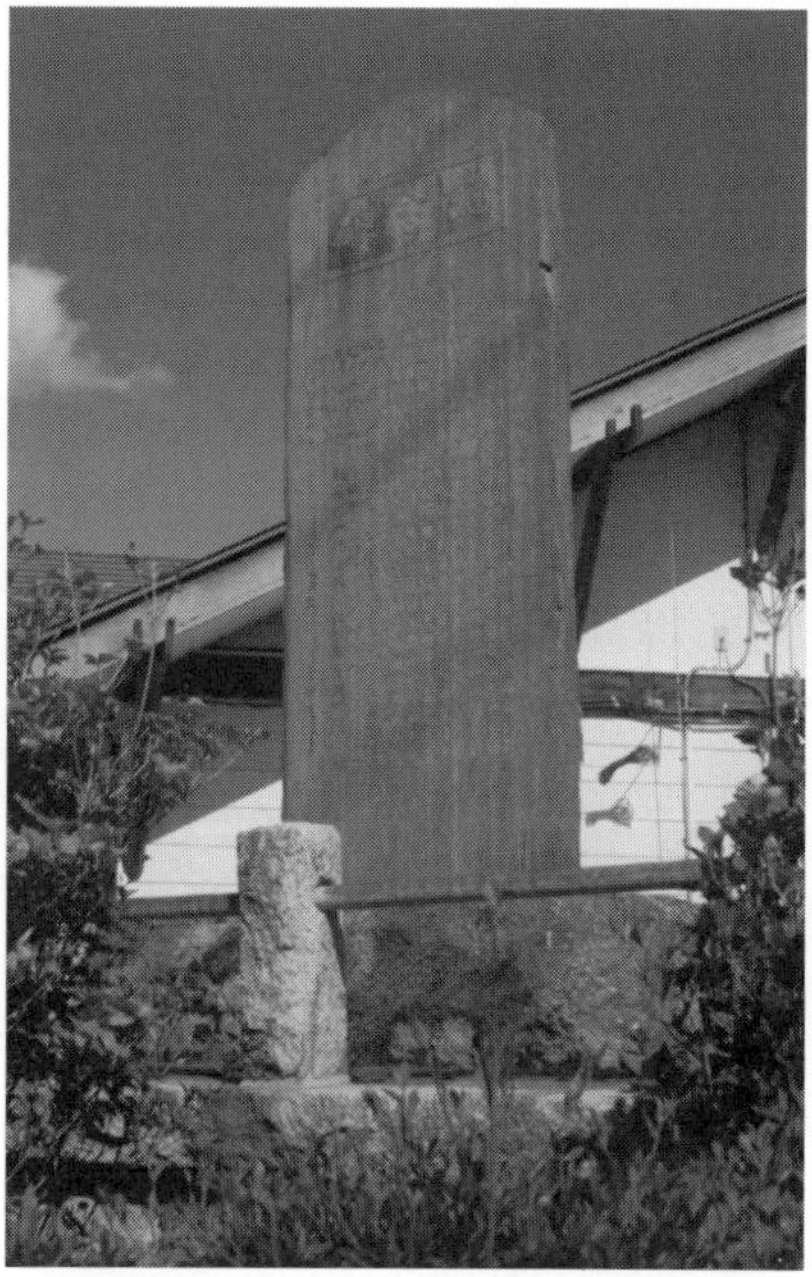

写真2-5　キャベツの販路を開拓した青木彦治の顕彰碑（田代地区にて）

26）年、3070ヘクタール、産出額は農作物も合わせて約187億8000万円に達し、一躍、日本一の高原キャベツ村にのし上がった(8)。このため、嬬恋村は「昭和の大合併」はもとより、「平成の大合併」の論議でも周辺の市町村との合併を固辞し、自立の道を選んだ(9)。

人口も2010（平成22）年、1万0178人、うち、鎌原地区は1935人に増加、活性化している(10)。その背景には日本発送電会社（現東京電力）が1926（大正15）年、最大出力5600ワットの田代ダム（田代湖）を建設、鹿沢水力発電所を完成させ、キャベツ栽培に欠かせない農業用水を大量、かつ安定的に供給したこともあった（写真2―6、写真2―7）。

写真2-6　日本一の高原キャベツ村となった嬬恋村
（後方は浅間山：田代地区にて）

写真2-7　キャベツ栽培に欠かせない鹿沢水力発電所
（田代地区にて）

3　軽井沢人気と観光開発

(1) 軽井沢のリゾート化

一方、軽井沢町では1886(明治19)年、カナダ人の英国聖公会牧師、アレクサンダー・クロフト・ショーが当地を訪れ、清涼な環境に魅了されて町内の一角に教会と別荘を建て、布教活動を始めた。そして、1893(明治26)年、横川〜軽井沢間(総延長約15キロメートル)に碓氷《うすい》線アプト式鉄道(その後、国鉄信越線:現廃線)が開通されたり、近くに建てられた亀屋旅館が外国人専用の洋風の万平ホテルにリニューアルしたり、三笠ホテル(1970=昭和45年に廃業。現国の重要文化財)が営業を始めると東京駐在の外国人や政財界人も避暑や

写真2-8　軽井沢のリゾート化の先駆けとなったショーの教会と別荘(右手前はショーの胸像:旧軽井沢にて)

政・商談のため、長期滞在することになるなど、軽井沢は東京近郊の避暑地として注目されるようになった（写真2−8、写真2−9）。

（2）登山電車の運行

その彼らの足となったのは1893（明治26）年、東京から中山道に沿い、軽井沢を結ぶ官設鉄道（その後、日本国有鉄道：現日本旅客鉄道：JR）の信越本線だった。また、地元の草津軽便鉄道（のちの草軽電気鉄道）も1915（大正4）年、スイスの登山電車を参考に新軽井沢〜小瀬《こせ》温泉（現軽井沢町小瀬地区）間（同10キロメートル）に蒸気機関車を走らせた結果、人気を呼んだ。

そこで、同鉄道は1926（大正15：昭和元）年、小瀬温泉から北軽井沢、嬬恋村を経て草津

写真2−9　外国人や政財人の社交の場となった旧三笠ホテル
（旧軽井沢にて）

温泉まで同55・5キロメートルに計20か所の駅舎を設け、片道同3時間、一日6往復の全線を開通させたところ、浅間山をバックに木炭や木材などの資材を運ぶ登山電車に同乗すれば、北海道を思わせる清涼、かつ広大な高原や牧場、キャベツ畑が広がる景観と草津温泉での癒しが楽しめると評判を集め、高峰秀子ら主演の映画のロケーションの舞台ともなった（写真2―10、写真2―11）。

（3） 大学村のお目見え

また、法政大学の学長、松室致《いたす》は北軽井沢の広大な高原を購入、別荘を建てる一方、1928（昭和3）年、110区画の一部を同僚の教授らに分けた。これを聞きつけた野上八重子や岸田国士、谷川徹三、大江健三郎などの作家や文

写真2−10　草津軽便鉄道の登山電車（後方は浅間山）
（出典：黒岩薫氏所蔵）

写真2-11　日本三大名泉の一つの草津温泉（草津町にて）

化人らが残った区画の一部を購入し、別荘計40戸が建った。

　そこで、松室らは一帯を「北軽井沢」、また、その一角を「大学村」とそれぞれ名付け、出入り口に事務所を設けたほか、最寄りに同鉄道の地蔵川駅を設置、同社に寄付した。これを受け、同鉄道は駅名を北軽井沢駅に改めたのに併せ、松室らは浴場や食堂、宿泊施設、テニスコートを備えた大学村倶楽部《くらぶ》を併設した。さらに、近くの樽沢池（同照月湖）を築造したほか、バスケット競技場や弓道場をオープンした。

　この結果、政財界の別荘が多く、喧噪《けんそう》になりつつあった軽井沢に比べ、静寂な避暑地として大学教授や文化人らも残った分譲地を相次いで購入、別荘を建てて避暑を楽しむなどして全国に知られるようになった。隣接する嬬恋村の浅間高原など

写真2−12　今も閑静な「大学村」（北軽井沢にて）

も不動産業者が「奥軽井沢」などと銘打って別荘地として開拓、こちらも別荘が次々と建てられ、同村もリゾート地として発展していった（写真2−12）。

（4）リゾートブーム

このような別荘の建設ラッシュに輪をかけたのが1933（昭和8）年以降、浅間山北麓の鎌原地区から南麓の軽井沢町中軽井沢に広がる国有地を入手した大手私鉄系不動産会社で、「天明の大噴火」の跡地の一角を買収して「鬼押出し園」、その後、隣の長野原町も1967（昭和42）年、「浅間園」と名付け、浅間火山博物館やレストラン、売店などを整備し、観光名所として一般に公開した。

また、同社は別荘族やマイカーで訪れる行楽客の便を図る一方、草津温泉や万座温泉、さらには志賀高原にも足を延ばしてもらうべく、有料自動車道路、浅間―白根火山ルート（鬼押し出しハイウェー：総延長約17キロメートル）、および万座温泉との間を結ぶ万座ハイウェー（同20キロメートル）を整備し、周辺に高級リゾートホテルやレストラン、喫茶店、土産品店、美術館、ゴルフ場などが続々とオープンした。この結果、軽井沢と草津温泉に挟まれた嬬恋村も一大リゾート地として仲間入りし、リゾートブームにわいた（前出・資料1―2）。

（5）高速道路と新幹線の開通

ただし、草軽電気鉄道はピーク時の1955（昭和30）年には年間約49万人を輸送、「カブトムシ」の愛称で人気を集めたが、日本国有鉄道（国鉄：現日本旅客鉄道：JR）が1946（昭和21）年、渋川（群馬県渋川市）～長野原間（総延長約42・4キロメートル）に上越線（長野原線）を開通させた(11)ほか、台風のたびに吾妻川に架かる橋脚が流出し、運休するなどトラブル続きで利用客が急減したため、1962（昭和37）年、惜しまれつつ廃線、バスに転換した。また、日本道路公団は1971（昭和46）年、国道18号線の碓氷バイパスに続き、1993（平成5）年、上信越自動車道を建設した結果、碓氷軽井沢、東部湯の丸インターチェンジから嬬恋村へマイカーで1時間前後で連絡するようになった。

その後、国鉄は1997（平成9）年、信越本線の高崎〜軽井沢間（総延長41・8キロメートル）に長野新幹線（現北陸新幹線）を開通したことに伴い、横川（群馬県安中市松井田町横川）〜軽井沢間（同11・2キロメートル）は廃止されたものの、東京から新幹線や季節運転の路線バス、ホテルの送迎バスを利用すれば約1時間半から2時間程度で嬬恋村入りが可能となった。この結果、同村にも首都圏や中部圏の家族連れや若いカップル、さらには外国人が新幹線やマイカー、レンタカーで年間約300万人も訪れるようになった（写真2―13）。

　このような呼び水になったのは、同村が軽井沢と草津温泉という有名リゾート地にはさまれた立地に恵まれたことのほか、浅間山「天明の大噴火」被災地の生存者だった子孫や縁者たち

写真2-13　大手私鉄系不動産会社が整備した観光有料道路
（背後は小浅間山：浅間・白根火山ルートにて）

が1979（昭和54）年、鎌原観音堂奉仕会（鎌原郷司会長、約40人）を設立、同観音堂の境内の一角に詰所を設け、毎日、交代で先祖の供養と拝観者の湯茶の接待に務めていることにある。

そして、もう一つは同村が1983（昭和58）年、同観音堂の上部に嬬恋郷土資料館を建て、当時の被災の状況を調査研究した報告書や著作物を集め、展示して一般に公開していることにある（写真2－14）。

このほか、元禄（1688～1704）年間に発見されて以来、湯治場として庶民を癒した長野県東御市との境界にある標高1600メートルの鹿沢温泉、および財団法人休暇村協会（本部・東京都台東区）が1962（昭和37）年、鹿沢温泉から温泉を引いてオープンさせた休暇村

写真2－14　鎌原観音堂の上部にある嬬恋郷土資料館
（鎌原地区にて）

写真2-15　ひなびた、いで湯の鹿沢温泉（鹿沢温泉にて）

写真2-16「公共の宿」として人気の休暇村嬬恋鹿沢
（休暇村嬬恋鹿沢にて）

嬬恋鹿沢、また、その周辺に大手私鉄系不動産会社がゴルフ場や高級リゾートホテルをオープンした観光産業の結果でもある（写真２―15、写真２―16）。

おかげで村内の別荘も２０１７（平成29）年現在、約９０００戸に達したほか、観覧車やメリーゴーランド、ホテル、ペンション、レストラン、喫茶店、ゴルフ場、スキー場、ハイキングコースなどの観光施設も相次いで整備された半面、草軽電気鉄道はマイカーブームに押され、１９６２（昭和37）年、廃止されたものの、旧鎌原村はもとより、嬬恋村全体が農業と観光を基幹産業とする農山村、それも財政健全自治体として発展、その名が全国的に知られるようになり、現在に至っているのである。

【注】
（１）幕府の法度に対する天皇の許可。
（２）世襲による政治主導。
（３）中央と地方の政治を行う最高の行政官庁。
（４）村名は日本武尊《やまとたけるのみこと》が急逝した愛妻を追慕したという故事にならい、嬬恋とされた。
（５）明治期、陸軍の大陸工作要員。
（６）満州（現中国東北部）に侵略した関東軍の軍事介入を通じ、軍部の暴走に利用された。
（７）のちに内務、外務大臣のほか、東京市長（現東京都知事）に就任、１９２３（大正12）年の関東大震災

（大正関東震災）を受け、その復興に当たった。
（8）農林水産省HP、2017年。
（9）拙編著『市町村合併と地域福祉』ミネルヴァ書房、2007年。
（10）孀恋村HP、2017年。
（11）岩島～長野原草津口間の吾妻線は八ッ場《やんば》ダムの建設に伴って付け替え工事が行われ、2014年10月、共用開始となった。

第3章

当面の課題

1　災害対策

(1) 浅間山噴火

さて、これまで浅間山大噴火被災地の復興とその後の発展について述べたので、これを受け、被災地の当面の課題として整理してみると、第一は災害対策である。

具体的には、まず浅間山の噴火対策である。なぜなら、同山は「天明の大噴火」後、この100年間だけでも計50回以上小噴火を繰り返しており、1919(大正8)年、噴石が軽井沢町まで飛散し、群馬県境の旧浅間越にある峰の茶屋が焼失、山火事になって死者19人、負傷者9人を出しているからである。

そこで、気象庁は2003(平成15)年、従来の活火山の「火山活動度レベル」を「噴火警戒レベル」(1)に改めるとともに、同山の火口周辺にテレビカメラ2基を設置する一方、軽井沢町の東京大学地震研究所(浅間火山観測所)とタイアップし、24時間体制で噴火活動を監視している。とくに要注意なのは火口が長径で東西500メートル、短径で南北440メートル、深さ約200メートルのカルデラとなっている釜山で、噴気しているプリニー式噴火による溶岩流や火砕流、土砂雪崩などが懸念されている。

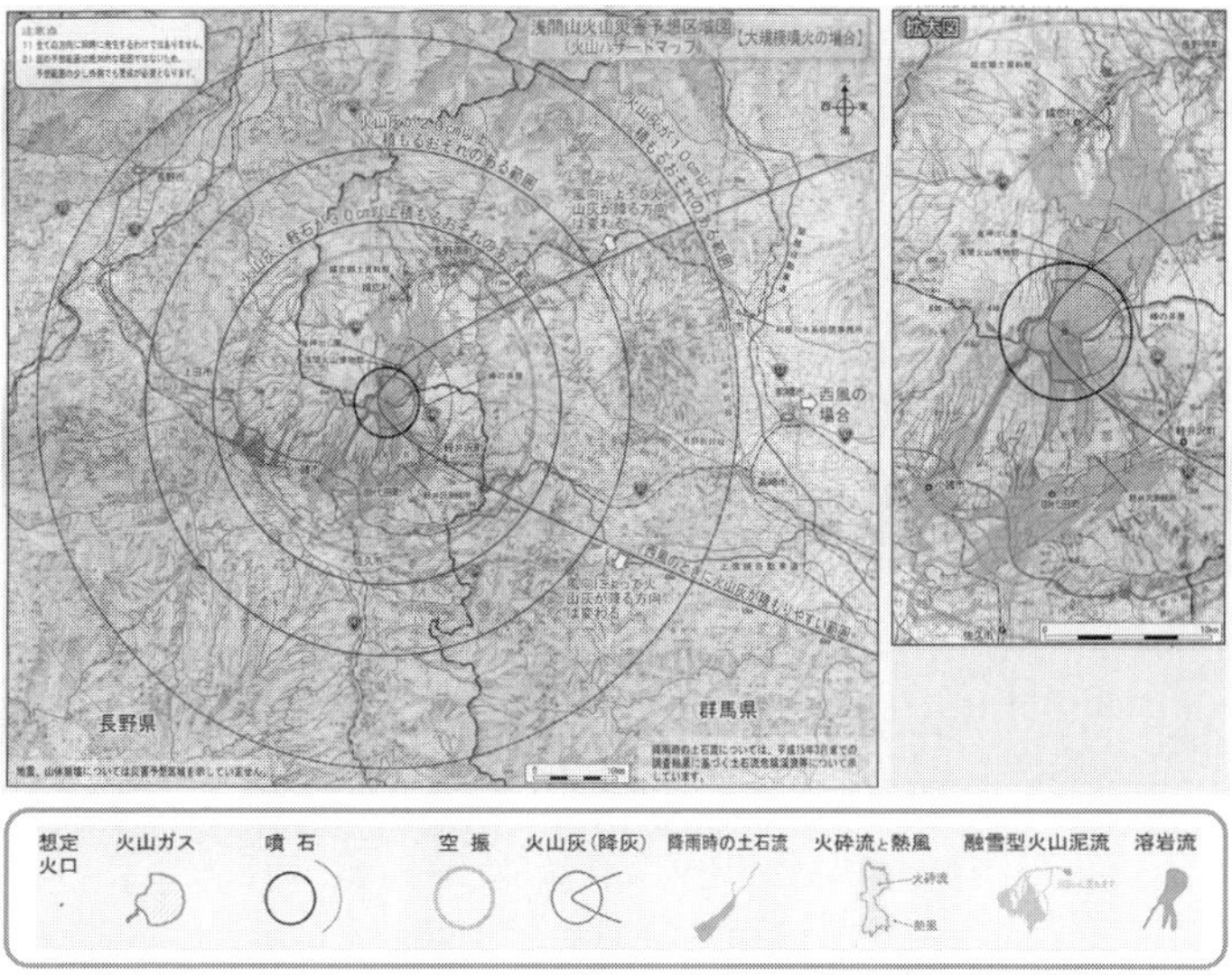

(大規模噴火の場合　∵被災予想不明)

図3-1　浅間山ハザードマップ
(出典：気象庁HP、2017年)

ただし、2017(平成29)年9月現在、噴火警戒レベルは「2」にとどまっているため、今すぐにどうということはないものの、「3」以上に引き上げられた場合、「浅間・白根火山ルート」圏内は立ち入り禁止、「4」になった場合、鎌原地区はもとより、嬬恋村全体に10~30センチ以上の泥流や火山灰が積もり、「天明の大噴火」の再来のおそれがある。このため、同村など周辺の自治体はその際、防災行政無線やスピーカー、広報車で住民や観光客、登山者にただちに安全な場所に避難するよう、大規模および小規模噴火の際の危険個所を明示したハザードマップ（火山災害予想区域図）を公表し、注意を呼びかけることにしている（図表3―1、写真3―1）。

　また、村は1962（昭和37）年、災害対策基本法にもとづく災害対策本部条例、翌1963（昭和38）年、防災会議条例をそれぞれ制定し、同山の火山災害対策はもとより、東日本大震災（東北地方太平洋沖地震）を教訓に、2014（平成26）年、風水害・雪害や震災、事故災害と併せ、地域防災計画を策定する一方、小諸市と災害時相互応援協定(2)を締結、万一に備えている。

　具体的には、災害時、村内の旧小学校の校庭など計7か所をヘリポートにし、自衛隊や群馬県、群馬県警察本部の救助、救命救急ヘリによる被災者の捜索や救助、急病患者の前橋赤十字

写真3-1　噴火警戒レベル「2」を示す警告板
（長野県側の峰の茶屋登山口にて）

病院（日赤）や診療所など保健医療機関への搬送、公民館や小・中学校体育館、コミュニティセンター（コミセン）、集落センター、ホテルなど計34か所の緊急避難所、同8か所の避難所、デイサービスセンターなど社会福祉施設4か所、およびこれらの避難所における食料や飲料水などの備蓄、あるいは輸送・配給、主要道路の交通規制などの措置を講ずることにしている。とくに食料や飲料水の備蓄では村内の各所に備蓄倉庫や防災行政無線の戸別受信機の全戸設置、火山情報の提供、大規模な噴火活動を想定した総合防災訓練、火山砂防フォーラム、災害救護拠点施設の整備を進めている。

また、噴火警戒レベルが2017（平成29）年、「2」から「1」に引き下げられた草津町の草津白根山（同2160メートル）の影響も懸念、同町と連携し、万一の場合についても必要な措置を講ずることになっている。

ただし、小諸市や同町、「鬼押出し園」などのように浅間山の火口など周辺にシェルター（退避壕）を設置しているわけではない。また、吾妻川によって低地や急傾斜地と高台があるほか、東西に分断されているうえ、浅間山と草津白根山に南北を挟《はさ》まれているため、住民同士による平常時と災害時の互助にはあまりにも無理がある。その意味で、本格的な災害対策はむしろこれからである（写真3―2）。

それだけではない。前述したように、旧鎌原村はその後、新生・嬬恋村の行政区の一つとして村とともに発展しているとはいえ、大噴火の被災地に流下、蓄積した高さ6～7メートルもの溶岩流や火砕流、土砂雪崩、火山灰の多くは当時のままで、高台への集団移転などはしていない。

しかも、その後、人口が急増し、かつ少子高齢化も進んでいるため、「天明の大噴火」が再来した場合、それにまさるとも劣らぬ大惨事になりかねない。同時に、農道などの寸断によりキャベツなどの生産や出荷、観光にも壊滅的な打撃を受けるおそれがある。

(2) 水害や土砂災害など

次に、水害や土砂災害などである。なぜなら、村のほぼ中央に吾妻川が流れ、南北に分断しており、「天明の大噴火」で領民74人が死亡、家屋など100戸が埋没したり、流出したりした

写真3-2　浅間山噴火時の指定避難所の公民館
（大笹地区にて）

旧大前村（現同村大前地区）をはじめ、42人が死亡、家屋など21戸が埋没、または流された旧西窪村（同西窪地区）など旧11の村（同地区）が四方に点在している。しかも、そのなかには低地や急傾斜地、老朽化した木造住宅の密集地があるため、土砂災害による被害の拡大のおそれもあるからである。

そこで、村は東日本大震災を受け、２０１３（平成25）年、土砂災害防止法にもとづき、土砂災害や山地災害、洪水災害、降雪や雪崩などの雪害等、「土砂災害警戒区域」として旧大前、旧西窪村など村のほぼ半分を指定、住民に警戒を呼びかけているが、地区によって過疎化の進展に差異があり、かつ住民の消防団への参加・協力に困難を来《きた》しているところもある。また、近年、別荘の所有者の高齢化や世代交代に伴い、空き家や廃屋が急増しているほか、地価の下落もあって管理が悪化、防火や防犯上の問題を招いている地区もある。

このほか、冬場の降雪は年々少なくなっているものの、除雪は基本的には公道に限られるため、高齢者や障害者、児童、妊婦など災害時要配慮者にとってその作業は容易ではない。カモシカやツキノワグマ、イノシシ、サルなど野生動物による農作物の被害も年間2億~3億円に上っているものの、面積が広大な割に人口が少なく、かつ高齢者世帯が多いうえ、民間の捕獲従事者への報酬や活動経費、損害賠償保険の保険料の負担も重く、復旧や対策に手を焼いているのも確かである（写真3—3）。

写真3-3　水害や土砂災害のおそれもある嬬恋村
（中央は吾妻川：ＪＲ万座鹿沢温泉口駅付近にて）

(3) 地震

地震は県そのものに関しては比較的少ないといわれているが、同村の場合、浅間山の寄生火山の一つ、黒斑山山頂周辺のトーミ断層や姥ヶ原《うばがはら》、三方ヶ峰の断層など大小さまざまな活断層が分布しているため、油断はできない。

事実、県が2020(平成24)年に実施した地震被害想定調査によると、1847(弘化4)年、長野盆地西遠断層帯を震源とするM7・4の長野県・善光寺地震と同程度の地震が今後、30年以内に発生する確率はきわめて低いものの、万一の場合、震度5弱から6弱程度の揺れはありうるとされている。その場合、浅間山や草津白根山の誘発による噴火の可能性も懸念される。

そこで、村は2016(平成28)年、「災害対応ガイドブック『生き抜く術《すべ》の心得帖』」を作成、全戸に配布し、住民に対して注意を呼びかけているが、町内会や自治会、消防団、自主防災組織の担い手は高齢化しており、次世代の確保に難儀しているほか、防災訓練への参加もまだ少ないため、不安がある。

2　少子高齢・人口減少対策

（1）限界集落化の防止

課題の第二は、少子高齢および人口減少への対策で、このうち、限界集落(3)化の防止は切実である。なぜなら、同村の人口は2010（平成22）年、1万0183人と増えたものの、その後、年々減少しており、2015（平成27）年現在、9780人で、うち、幼年（年少）人口（0～14歳）は1063人、生産年齢人口（15～64歳）は5590人、老年人口（65歳以上）は3127人となっている。このため、高齢化率は32・0％に上昇しているほか、2040（平成52）年には人口が全体の約3分の2に当たる6418人に減少することに伴い、高齢化率は同47・1％に上昇、限界集落化する見込みだからである（図3―2）。

現に、日本生産性本部の日本創成会議が2014（平成26）年に公表した「ストップ少子化・地方元気戦略（増田レポート）」のなかで、同村は消滅可能自治体の一つとして名指しされた。また、障害者は2014（平成26）年現在、601人、生活保護世帯24世帯、合計特殊出生率は1・52などとなっており、これら災害時要配慮者の支援も必要である（図表3―2）。

ちなみに、世帯数は2015（平成27）年現在、1798世帯と全体の3分の1は高齢者世帯

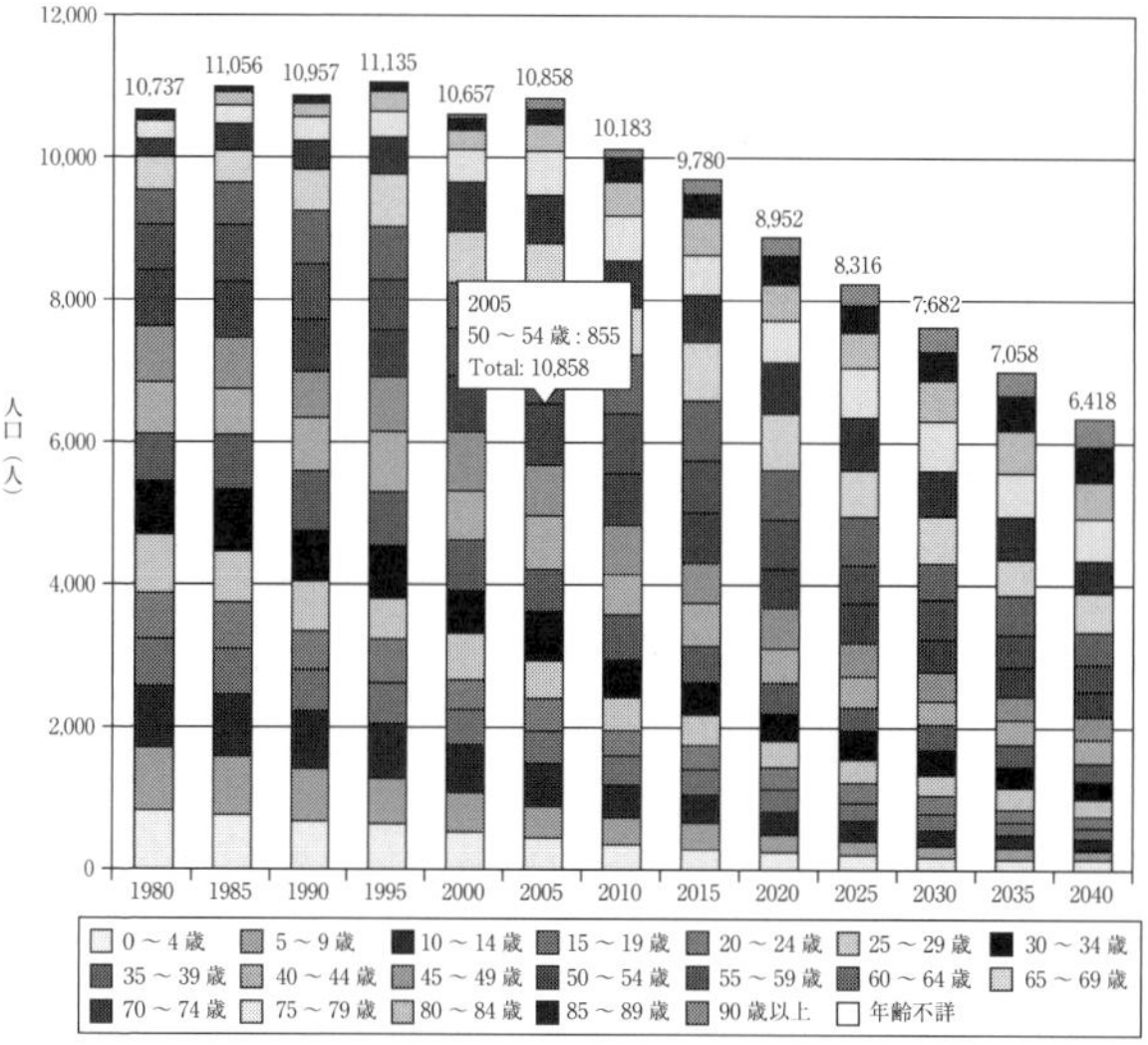

図3-2　嬬恋村の年齢別人口の推移
（出典：嬬恋村HP、2017年）

であるため、介護保険の要介護（要支援）認定者は計530人に上っており、高齢化の進行を裏付けている。また、JR吾妻線の無人駅化や路線バスの廃止、晩婚化や非婚化、高校や大学などの進学、就職による高崎、前橋市、東京など首都圏への若者の流出に伴い、1995（平成7）年、974戸あったキャベツ農家も2015（平成27）年現在、900戸に減少している[4]。

　そこで、村は政府の成長戦略の一つ、「地方創生」による支援を受けるため、2014（平成26）年、2015～2019（平成27～31）年にわたる「嬬恋村まち・ひと・しごと創生総合戦略」を策定、2040年で7491人、20

60年でも6107人にとどめるべく、過疎化の防止および地域活性化に取り組み、その持続可能性を模索している。

具体的には、農業の経営基盤の強化や新規就農者への支援、短期労働力の確保、外国人研修生の受け入れなどによる「しごとづくり」をはじめ、浅間山北麓のジオパーク(5)構想の実現や観光客の誘致、自治体交流事業、2011(平成23)年、長野県上田、東御市、青木町、長和町、坂城町、立科町と調印した上田地域定住自立圏形成協定の推進、都市住民や大学との交流による人口減少の防止である。また、空き家・空き別荘の活用、宅地造成販売、移住相談およびコーディネート、地域おこし協力隊の受け入れ強化による移住・定住環境の整備などの「新しいひととの流れ」である。

さらに、地元の若者に対する婚活への支援や母子保健事業の充実、次世代育成、福祉医療費給付、放課後子ども教室の推進、保育所の拡充、グローバルな人材の育成などの「結婚・出産・子育て」、および「道の駅」や複合施設の設置の検討やデマンドタクシー(6)の導入の検討、JR上越線および吾妻線の延伸など交通手段の検討、自主防災組織の醸成と防災体制の強化、住民自治の推進体制づくり、住民のコミュニティ活動への支援、ライフステージに応じた健康づくりや高齢者の活躍の場の創出など「まちづくり」の計4つの基本目標に応じた施策を打ち出し、その実現をめざしている。このほか、環境対策として太陽光発電の事業化への補助や学校、地域での環境教育の推進をあげている。

肝心の財源の措置については、数次にわたる財政健全化計画により2006～2008（平成18～20）年度にかけ、村長をはじめとする特別職や議員、職員の報酬、管理職手当を3～80％、総額約3億4600万円削減したほか、議員の定数や職員の各種手当の削減、臨時職員の採用、指定管理者制度の導入などを推進している。その結果、財政力指数は2013（平成25）年現在、0・41、実質公債費比率は24・7に達し、早期健全化団体から脱却したが、全職員（119人）の平均年収は2016（平成28）年度現在、571万9900円、退職金は平均1968万1000円と県内で上位にランキングしている(7)。

一方、キャベツ農家の一世帯当たりの年収は平均1168万円であるが、豊作の場合、出荷額の暴落、不作や凶作の場合、減収となる。また、1台1000万円前後のトラクターの購入価格や維持費、肥料や農薬代など必要経費が毎年、全体の約17％かかる(8)。さらに、近年、野生動物による農作物の被害が増えているため、一家をあげての営農への意欲の減退や耕作放棄地の拡大、環境悪化、村の財政を潤していることも考慮すれば、必ずしも高収入とは言い切れない。

また、村の一大観光施設は1983（昭和58）年、大笹地区で村と東京のリゾート会社が共同出資し、第三セクターとしてホテルやスキー場を経営していたが、近年のスキー離れやリーマンショック後の景気低迷に伴い、2014（平成26）年、総額約27億円を抱えて経営危機に陥り、自力による再建を断念、東京地裁に民事再生法にもとづく再生手続きを申請した。この結果、横浜市の大手ホテルと兵庫県の観光会社が経営を引き継ぎ、再スタートを切ったが、ピーク時、約16億円を誇った年間売上額は年々減少し、2013(平成25)年3月決算で同7億円にまで減収しており、相変わらず厳しい経営環境であることに変わりはない(9)。

(2) 保健・医療・福祉の推進

次は保健・医療・福祉の推進である。なぜなら、村は1963(昭和38)年、直営の国民健康保険診療所を設置、医師を常駐させて地域医療に努めているが、医師は3人、看護師・保健師は2人、薬剤師は4人で、産婦人科や眼科、耳鼻科、整形外科、小児救急医療などの専門病院や入院施設はないため、専門医の受診や入院が必要な場合、村外に出かけなければならない。このため、吾妻郡医師会は周辺の中之条、東吾妻、草津、長野原町の内科、外科、休日・夜間当番病院計約20の診療所や日赤など保険医療機関に協力を呼びかけ、輪番制で毎日午前9時から午後5時まで診療に当たっているが、訪問診療(往診)や訪問指導、訪問歯科診療などは困難であるのが実態で、特定健診の受診率も40%前後にとどまっている。

また、高齢者の介護では介護保険制度が導入された2000(平成12)年、福祉センターや介護サービス事業を開始したほか、2011(平成23)年、六合《くに》温泉医療センターや西吾妻福祉病院を運営している公益社団法人地域医療振興協会に同診療所の指定管理を依頼し、地域包括ケアなどに努めているが、今後、さらなる少子高齢化による要介護認定者の増加は避けられず、現状の体制では対応し切れないおそれがある。

しかも、ドクターヘリは県全体でも前橋赤十字病院に1機しかないため、介護保険事業計画や障害（者）福祉計画、次世代育成支援行動計画、地域福祉計画などによって保健・医療・福祉、さらには子育て支援や高齢者の健康増進、生涯学習の充実をいかに図るべきか、保健・医療・福祉サービスの整備・拡充が課題となっている。なぜなら、村内にはデイサービスセンター（定員40人）や訪問看護事業所、特別養護老人ホーム（50床、同１０７人）、ケアハウス（同17人）、居宅介護支援事業所、地域包括支援センター、保育所、子どもふれあい館、認定こども園がそれぞれ1か所あるだけである。また、在宅介護支援センターは2か所、居宅介護支援センターと公民館は同5か所、幼稚園は3か所、小学校は5校、中学校は2校、高校は1校のところ、小学校は2校、中学校は1校に統廃合、スクールバスで通学を支援しているものの、老人保健施設やグループホーム、老人福祉センター、有料老人ホーム、サービス付き高齢者向け住宅（サ高住）、障害者支援施設、図書館などは皆無だからである。

とりわけ、深刻なのは訪問介護員（ホームヘルパー・介護職員初任者研修修了者）や介護支援専門員（ケアマネジャー）、医師、保健師、看護師、薬剤師、理学療法士、作業療法士、保育士など、保健・医療・福祉分野の従事者の不足に伴う災害時の受診やケアなどの不十分な体制による被災者の病状の悪化や要介護の重度化である（写真3―4）。

（3）雇用創出とインフラ整備

また、雇用創出とインフラストラクチャー（インフラ：産業基盤）の整備である。なぜなら、村の産業別の就業者数のベスト5は2010（平成22）年現在、サービス業が2077人で、総人口の36・7％とトップ、以下、農林業の1823人、同32・2％、卸小売業の537人、同9・5％、建設業の444人、同7・9％の順にとどまっているからである(10)。

一方、村の総面積は約338平方キロメートルと東京23区の総面積の約半分と広大であるに

写真3-4　村唯一の特別養護老人ホーム
（後方は四阿山《あずまやさん》：田代地区の「ひだまりの森白樺荘」にて）

もかかわらず、公共交通機関はJR高崎～大前間（総延長約76・4キロメートル）の吾妻線しかなく、かつて万座鹿沢口駅から万座～草津温泉間（同14・7キロメートル）に運行されていた路線バスも2007（平成19）年に廃止、村内の各駅も2017（平成29）年、無人駅となった。このため、住民は一世帯当たり数台のマイカーを保有したり、一日2～3本、東部、西部の2路線のスクールバスの空き時間に試験的に運行されているものを利用（無料）したり、65歳以上の高齢者や障害者手帳がある障害者のみ対象で、かつ水、土、日曜日、祝日運休の福祉バス（無料）を利用したりするしかない。それ以外はマイカーに相乗りしたりして村内に数軒しかないスーパーマーケット（スーパー）やコンビニエンスストア（コンビニ）などに買い物、あるいは保険医療機関や特別養護老人ホーム、デイサービスセンターなどに行くしか方法がなく、災害時、道路が寸断されたり、交通規制されたりすれば、即、〝陸の孤島〟になりかねない。

そこで、村は村道や農道の改修、各種店舗などの誘致に努める一方、県に対し、国道144号線など国・県道の改修を要望しているほか、光ファイバーの整備を通じ、住民に対する各種情報の発信および共有に努めているが、施設の整備・拡充も従事者の養成・確保も現在の限られた財源では厳しいため、政府の地方交付税交付金や県の補助金の増額が必要である。

また、「平成の大合併」では周辺市町村との合併を固辞し、自立の道を選んだものの、今後、少子高齢化や人口減少の進行、施設の整備・拡充、保健・医療・福祉分野の従事者の養成・確保、財源の調達などを考慮すれば合併を再考する場面もありうるかもしれない。

3　防災福祉コミュニティの形成

（1）平常時の安否確認と見守り

課題の第三は、防災福祉コミュニティの形成である。なかでも平常時の安否確認と見守りは喫緊である。なぜなら、村は第三期（２０１６～２０２０：平成28～32）の地域福祉計画と同村社会福祉協議会（社協）の地域福祉活動計画を一体的に策定し、かつ第六期（２０１５～２０１７：平成27～29年）介護保険事業計画を策定し、「心豊かに安心してくらせる村づくり」を基本理念とし、高齢者を対象とした訪問介護や通所介護、訪問看護、訪問入浴介護、認知症対応型通所介護、介護予防、ふれあい・いきいきサロン、無料配食サービス、寝たきり高齢者に対するボランティアによる友愛訪問、身体障害児者の訪問入浴、緊急通報システムによる高齢者の安否確認、移送サービス、災害時要配慮者の対応などを通じ、地域福祉の推進に努めようとしているが[(11)]、多くの高齢者はこれらのサービスの利用の負担に懸念をしている。

また、住民の多くはボランティ活動への参加の意向はあるものの、身近な活動の場や参加する機会が少ないことを訴えているが、その割には多忙なうえ、地域が広大で、かつ高低差のある地域に集落が各地に点在しており、公共交通機関が不十分など移動手段に限界がある。村や社協の職員も限られている。また、少子高齢化や人口減少による農業人口の減少に伴い、平常時における高齢者などの安否確認や見守りなど自助や互助も十分とはいいがたい（写真３―５）。

写真3-5　平常時の見守り・安否確認はこれから
（鎌原地区にて）

(2) 災害時の助け合い

また、災害時の助け合いも必要である。なぜなら、村は災害時における住民の自助や住民同士の互助に関し、高齢者や障害者、児童、妊婦など災害時要配慮者を支援する台帳を作成、定期的な防災訓練への参加、および万一の際の被災者の捜索や救助、食料・飲料水の備蓄・支給、避難所への避難誘導などに努めるとしているものの(12)、避難所における役割分担や運営、さらには他の地域の災害ボランティアをはじめ、支援物資の受け入れや仕分け・配給、義援金・寄付金の受け付け・支給、他の自治体との災害時相互応援協定および受援協定の締結などの共助も十分とはいいがたいからである。

また、地域福祉計画と地域福祉活動計画との一体的な策定や改定を行っているものの、地域防災計画との一体的策定、あるいは連携にまでは至っていない。このため、それぞれの地区ごとの地区防災計画の策定にまではなっていないからである。

しかし、大都市と異なり、浅間山大噴火被災者の子孫や縁者、その後、嫁いだり、移住してきたりした住民の共同体意識は比較的高いため、今後の取り組みいかんでは災害時の自助、互助による救援や避難所の運営、支援物資の仕分け・配給などに自治力を発揮する可能性は十分ある。その意味で、平常時、町内会や自治会、自主防災組織、消防団などの活性化を図りたい。

また、政府や県、村などが保有している災害や気象、交通情報などを住民が有効活用できるよう、オープンデータとしたり、住民の口コミやフェイスブック、ツイッターのつぶやきなどをビッグデータ、あるいは人材バンクとして各人の了解のもとで作成、村や社協の広報紙やＨＰで紹介し、防災情報や災害時の助け合い、支援物資の授受、避難所やより安全な避難経路の確保、タイムライン（防災行動計画）の策定、避難訓練に生かしたい。このほか、政府や県による無人飛行機「ドローン」を投入し、広大な村の災害時の情報の入手、発信、共有も検討したい。

（3）地域福祉と地域防災の融合

他の多くの自治体と同様、同村においても地域福祉と地域防災との融合を図りたい。なぜなら、村の公助、住民の自助、互助、さらには災害ボランティアなどの共助による防災福祉コミュニティの形成に向けた取り組みが必要だからである。

その際、前述したようなビッグデータや人材バンクの作成による人材の確保や災害時の自助、互助、さらには地域福祉計画や地域福祉活動計画および地域防災計画に盛り込み、防災教育や防災訓練を繰り返すなど地域福祉と地域防災の融合による防災福祉コミュニティの形成に取り組みたい。もっとも、肝心の公的責任としての公助を果たすべき政府は地方分権化、あるいは「地方創生」などといいながら、「昭和の大合併」および「平成の大合併」によって財政力指数が脆弱《ぜいじゃく》な市町村を再編、縮小している一方、年中行事化した地震や台風などの自然災害への対策は遅々としている。

また、原子力災害を起こす危険性のある原子力発電所や在日米軍基地は地方に押しつけ、都市部のインフラやライフラインの整備だけを推進、東京一極集中を加速化し、分権国家化を阻んでいる。そればかりか、民間事業者はゼネコン（総合建設会社）を中心に利権誘導型の政治に暗躍しているにもかかわらず、多くの国民は相変わらず行政依存、お任せ民主主義に甘んじているのが実態である。

それでも、このような対米従属で、かつ政官財の癒着による利権誘導型の政治に「ノー」という、防災福祉コミュニティの形成に関心を持ち始めている国民・住民も増えつつある。それだけに、同村において、今、望まれているのは浅間山大噴火被災地の生存者の救援や生活再建、被災地の復旧、復興、そして、明治以降、今日の日本一の高原キャベツ村として、また、軽井沢、草津温泉に刺激され、観光産業によって発展させた先人たちのようなニューリーダーの登場が期待されているのではないか。

具体的には、ヒト・モノ・カネの三点セットの整備で、まずヒトでは定年退職、あるいは出産・育児のため、中途退職した看護師や保健師、介護福祉士、保育士、幼稚園教諭、公務員、小・中・高校教諭、営業、企画、広報、商社、金融などの経験のある元サラリーマンなど、潜在的な住民パワーを調達する。また、周辺の福祉・医療系の大学や短大、専門学校、福祉系高校の実習生を村や社協、社会福祉施設、保険医療機関で受け入れ、不足している従事者を確保する。前述したビッグデータや人材バンクも利活用したい。

これに対し、モノではＪＲ吾妻線の各駅の無人化に伴い、廃止された路線バスの代行として運行されている村営のスクールバスや福祉バスを役場や社協、各地区の公民館、社会福祉施設、保険医療機関、コンビニ、立ち寄り湯などを各方面別に定時に巡回するバス高速輸送（ＢＲＴ）とし、スクールバス兼買い物バスのコミュニティバスの運行へと充実させたい。また、現行のデマンドタクシーだけでなく、村が任意保険やボランテイア保険を掛け、時間預託制による住民有志の家事代行(13)や福祉有償輸送を制度化、社協などに委託する。さらに、空き家や耕作放棄地での都市の住民の就農・移住支援、「道の駅」の誘致や設置、あるいは農機具の共同購入・管理、町内会や自治会、民生委員・児童委員協議会（民児協）における自主防災組織の組織化、公民館や施設、病院、空き店舗、空き家などをリストアップ、各地区ごとに小地域福祉活動の拠点を整備し、平常時の安否確認や見守りを奨励する一方、地域防災計画および地域福祉計画・地域福祉活動計画の策定・改定に参画し、食料・飲料水の備蓄や過去の災害の有無の検証、避難経路の確保、避難所の運営の際の役割分担の検討、防災訓練、防災キャンプを通じ、災害時の救援や避難生活の持続可能性、生活再建、復旧、復興への理解と協力のための合意形成を図る。

最後に、カネでは村の必要経費のさらなるブラッシュアップによる財源の調達、住民を対象としたリバースモーゲージ(14)の制度化とその利用への奨励、「ふるさと納税」の整備・拡充、地域通貨(15)や「疎開保険」(16)の導入の検討、周辺自治体および都市部の自治体との災害時相互応援協定および受援協定の締結、地元県はもとより、首都圏の大学生や成人を対象とした山村留学や課外活動の受け入れ、就農や田舎暮らしの推進、さらには広大な耕作放棄地などを利活用した風力や太陽光、バイオマスなど再生可能エネルギーを創出、住民有志や農協、森林組合、ＮＰＯ(17)、民間事業者などと協働して新電力会社を起業、地域活性化や雇用創出、環境保全、さらには脱原発を推進する一方、災害時における非常用電源の確保などによって財源の確保を図りたい。もちろん、これらの施策には県、あるいは政府の補助や指導なども必須である。

いずれにしても、村長以下、議員、職員、住民など地域総ぐるみにより、防災福祉文化を醸成し、村から周辺の自治体、県、さらには国へというボトムアップを通じ、防災福祉コミュティの形成、さらには防災福祉国家への地平を切り拓きたい。嬬恋村にはそのような自治力が十分備わっているからである（写真3―6）。

写真3-6　防災福祉力が期待される嬬恋村
（同役場にて）

【注】

（１）「１（噴火予報：火山であることに留意）」「２（警報：火口周辺規制）」「３（同：入山規制）」「４（特別警報）避難準備）」「５（同：避難）」の五種類。

（２）大規模災害の際、事前に被災者の救援や避難支援などについて締結した複数の自治体による協定。阪神・淡路大震災（兵庫県南部地震）を機に増えており、２０１５年4月現在、39都道府県、１７０５市町村に上っている。酷似したものに災害の避難者を受けれる受援協定がある。同現在、12都道府県、19市町。

（３）大野晃の概念で、集落の高齢化率が50％を超え、かつ共同体の機能が脆弱な集落。拙著『脱・限界集落はスイスに学べ』農文協、２０１６年。

（４）農林水産省ＨＰ、２０１７年。

（５）地球科学的な価値を持つ大地の遺産を保全し、かつ教育やツーリズムを活用しながら開発を進める地域認定プログラム。

（６）予約式の相乗りタクシー。

（７）給料.comＨＰ、同村ＨＰ、２０１７年、

（８）全国農業協同組合連合会ＨＰ、２０１７年。

（９）東京商工リサーチＨＰ、２０１７年。

（10）嬬恋村ＨＰ、２０１７年。

（11）同村総合計画、地域福祉（活動）計画およびＨＰ、２０１７年。

（12）同村地域防災計画およびＨＰ、２０１７年。

（13）１時間１点などとして会員同士のボランティア活動により助け合う互助組織。ＮＰＯニホン・アクティ

ブライフ・クラブ（NALC：本部・大阪市）が有名。

(14) 自宅などの不動産を担保にし、住まいを継続しつつ在宅療養や介護を受け、死後に売却し、清算する制度。福祉公社や信託銀行などが導入している。

(15) 地元の商店での割引など特典付きの買い物を奨励し、地域活性化を図る仮想通貨。

(16) 都市の住民が災害時、地方に一時疎開し、衣食住が保障される自治体独自の制度。鳥取県智頭町《ちづ》の制度が代表的。

(17) 特定非営利活動法人法にもとづく民間事業者。

第4章

地方災害の現状

1 北海道

これまで浅間山大噴火の被災地、群馬県嬬恋村の明治から現代までの復興・発展と防災福祉の現状、および当面の課題について述べてきたので、ここでは全国の地方災害の現状について北海道から順に整理してみたい。

(1) 地勢

まず北海道であるが、総面積は約9万3000平方キロメートルと九州の2倍以上、東京都のほぼ36倍に及ぶ(1)。もっとも、「北海道の屋根」といわれる大雪山の最高峰、旭岳でも標高2291メートルにすぎず、ほとんどは盆地や高原、丘陵地、渓谷、海浜部などである。

ただし、毎年冬、シベリアやオホーツク海から季節風が吹きつけ、室蘭市など道南の一部を除けば大量の降雪となる。梅雨はないが、時として「迷走台風」に見舞われることもあるため、渓谷や谷地が多い内陸部では山・崖崩れ、地滑りなどの土砂災害や雪崩、豪雨、洪水、河川の氾濫《はんらん》に注意が必要である。

公共交通機関は2016(平成28)年、新青森~新函館北斗間(総延長約149キロメートル)に北海道新幹線が開通した。また、森町~士別市間(同679キロメートル)を結ぶ道央自動車道や高速バスもあるが、住民の足は在来線の電車や路線バスである。しかも、1時間に1～2本、ひどい場合、1日数便、あるいは赤字で廃線となったところもある。

人口は2017（平成29）年6月現在、約538万人で、うち、5人に2人となる194万人が札幌市に住んでいる。少子高齢化や人口減少も進んでおり、高齢化率は全国平均で26・64％、道全体で29・09％と47都道府県中、第20位とほぼ中間だが、約8割は過疎地域である。

また、179市町村のうち、高齢化率が40％を超えているのは48・6％の夕張市で、全国に779ある市のなかで最高である。歌志内、三笠、赤平市や上砂川、松前町など全体の1割に当たる17市町村も40％を超えている。

(2) 産　業

主な産業はジャガイモやトウモロコシ、小麦、テンサイなどの農業で、生産量が日本一のものが多い。これに次ぐのが乳牛などの畜産業だが、生乳の生産量も日本一である。もっとも、2007（平成19）年、オーストラリアとの間で発効したFTA（自由貿易協定）、および今後のTPP（環太平洋経済連携協定）の動向いかんでは、1997（平成9）年の北海道拓殖銀行の経営破綻《はたん》以上に地元経済への影響が大きいことが懸念されている。

この農業や畜産業に続き、北海道経済を潤しているのはホタテやカニ、ウニが中心の水産業であるが、1977（昭和52）年の排他的経済水域（200カイリ水域）の設定に伴い、こちらも大きな打撃を受けた。ただ、本州にはない牧歌的な景観の盆地や高原、農地、また、新鮮で廉価、かつ美味な農産物や水産物のほか、雪質のよいスキー場が外国人に注目され、新たなリゾート地としてクローズアップされている。

(3) 過去の災害と今後

活断層（断層帯）(2) は択捉島《えとろふとう》沖から色丹島沖、根室、十勝、三陸沖、さらには北海道北西、西方、南西沖、青森県西方沖にかけ、海溝型のものがある。また、標津から十勝平野、富良野、増毛《ましけ》山地東縁・沼田―砂川、当別、石狩低地東縁、黒松内低地、函館平野西縁、サロベツにかけ、内陸型のものもある（図4―1）。

一方、活火山は十勝岳（標高2077メートル）や北海道駒ヶ岳（同1131メートル）、有珠山《うすざん》（同737メートル）、恵山《えさん》（同618メートル）など31あり、うち、噴火警戒レベルの「1」は恵山や北海道駒ヶ岳、有珠山など8つある（前出・資料1―1）。

そこで、過去の災害であるが、1843（天保14）年、1968（昭和43）年、2003（平成15）年の計3回、M7・0～8・2の十勝沖地震が発生、最大2・55メートルの津波が押し寄せ、死者29人、行方不明者6人を出した。また、1993（平成5）年、M7・8の北海道南西沖地震

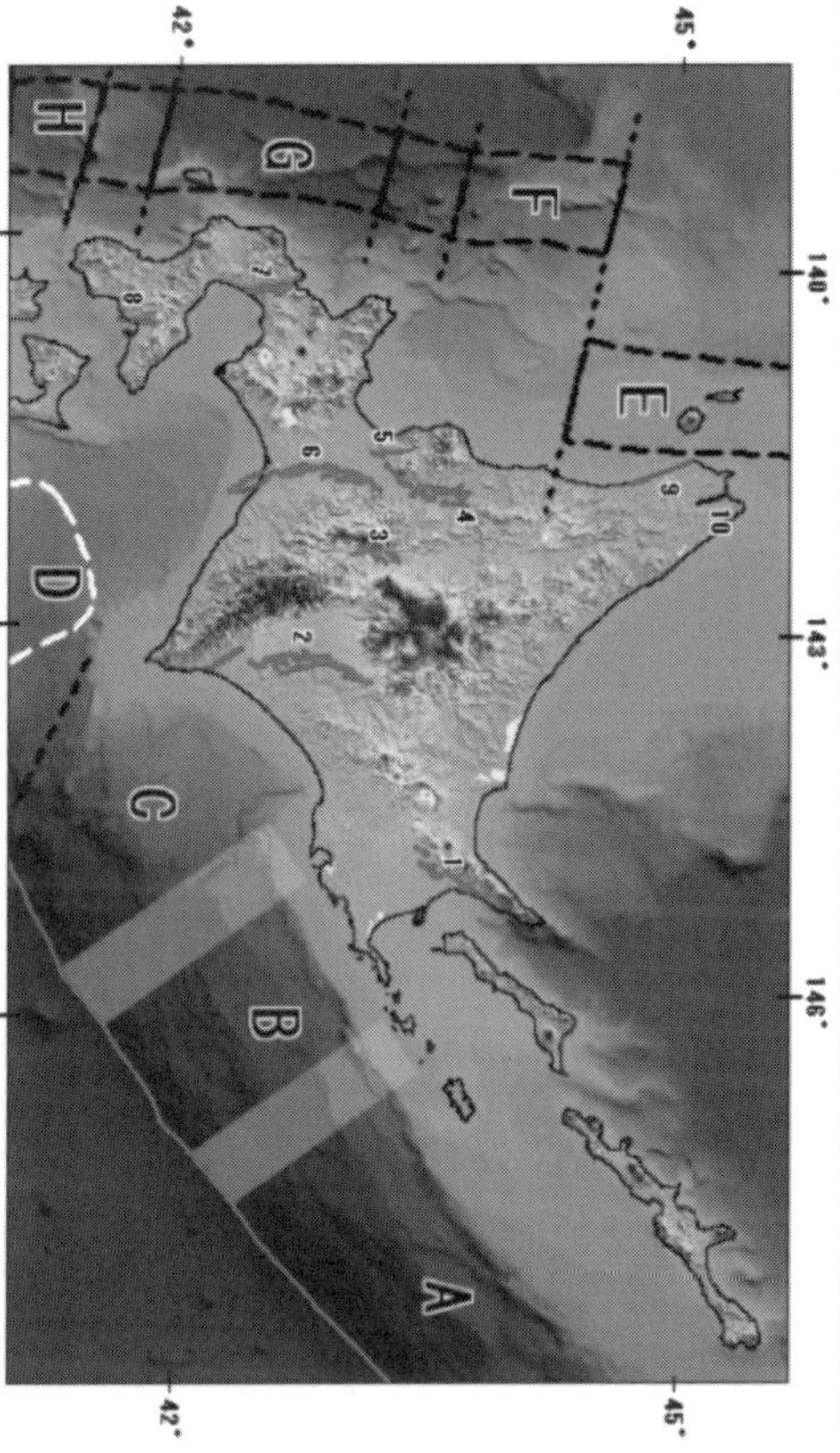

［海溝型］
A. 色丹島沖・択捉島沖
B. 根室沖
C. 十勝沖
D. 三陸沖
E. 北海道北西沖
F. 北海道西方沖
G, 北海道南西沖
H. 青森県西方沖

図4−1　北海道の活断層（出典：政府地震調査研究推進本部HP、2017年）

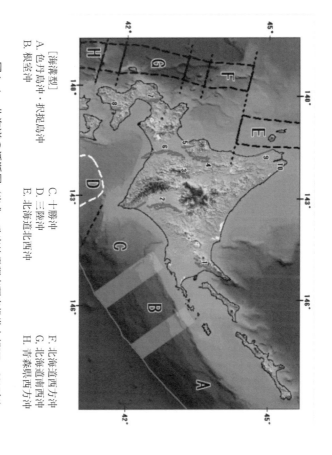

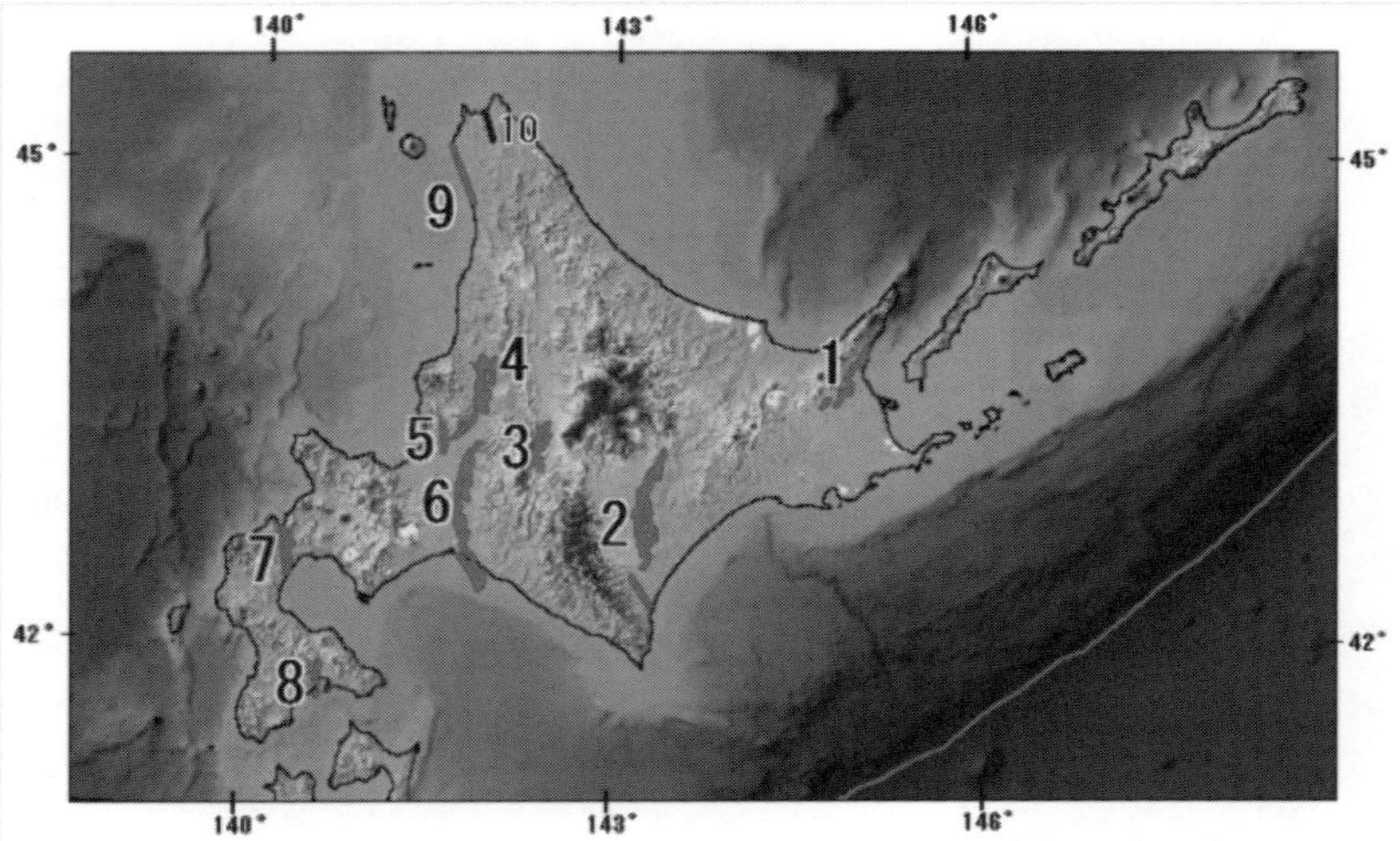

［内陸型］
1．標津断層帯
2．十勝平野断層帯
3．富良野断層帯
4．増毛山地東縁断層帯・沼田ー砂川付近断層帯
5．当別断層帯
6．石狩低地東縁断層帯
7．黒松内低地断層帯
8．函館平野西縁断層帯
9．サロベツ断層帯
10．幌延断層帯

図4-1　つづき

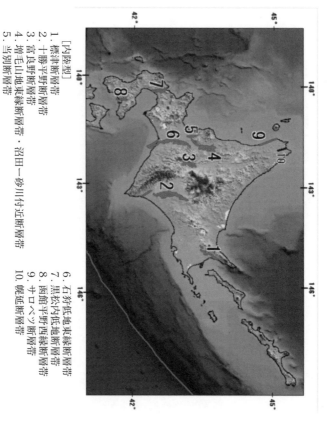

が発生し、火災や津波で奥尻島を中心に死者202人、行方不明者28人を出した。

　また、三陸沖や十勝、択捉島、色丹島沖でM8クラスの地震が今後、30年以内に70～90％の確率で発生するおそれがあるため、これらの活火山の噴火活動と併せて警戒する必要がある。それというのも、1640（寛永17）年、北海道駒ケ岳の噴火で山体崩壊に伴う岩屑雪崩が内浦湾に流入して大津波となり、死者700人余りを出したからである。また、1822（文政5）年、有珠山が噴火、火砕流が流下して103人、1856（安政3）年、北海道駒ヶ岳の噴火で19～20人、1926（大正15：昭和元）年、十勝岳の噴火で144人の犠牲者を出しているからでもある。このほか、海溝型の地震では津波にも注意が必要である。とくに、奥尻島を望む道東の、せたな町では最大約23メートルの津波が予想されている。

　原発は泊村《とまりむら》に北海道電力泊原発が1基あるほか、津軽海峡を隔てた青森県東通村に東北電力、東京電力東通原発と使用済み核燃料再処理工場がある。しかも、東通原発の原子炉建屋の西側に活断層があるのではないかと指摘されているため、地震や津波による原子力災害に対し、少なくとも同原発の半径30キロメートル圏内の自治体は避難計画の策定とそれに伴う避難訓練が必要である。

　原発の安全性や避難の有効性などの判断にあっては2011（平成23）年の東京電力福島第一原発事故を機に、国内にある54基のすべての原発の稼働の停止に伴い、以後、「『新規制基準』を

写真4−1「広域災害」への対策が課題の北海道
（夕張市にて）

満たせば再稼働を可能とする審査について、原子力規制委員会の田中俊一元委員長が「朝日新聞」の記者のインタビューに対し、「『新規制基準』を満たせば再稼働を可能とする審査の過程で、原発の再稼働を推進する自民党および電気労連出身の民主党（旧民進党：現立憲民主党、希望の党、民進党）の国会議員より『審査に時間がかかりすぎる』などと再稼働を急ぐ政治的圧力があったものの、科学的な基準で判断したほか、審査の会合もすべて公開し、委員会の独立性は保てた」と述べている(3)。このため、原発の安全性や避難の有効性などの判断にあってはこのような事情も考慮する必要があると思われる。

いずれにしても、北海道は広大なうえ、2040年には人口が現在よりも約4分の1の同4

190万人に減少し、限界集落化が進みかねないため、防災福祉コミュニティの形成にあたっては政府や道が先頭に立ち、「広域災害」への対策を講ずる必要がある(4)。これに関連し、国土交通省は2019(平成31)年度以降、一定の利用地域や期間、時間帯であれば定額で何度でも利用できる「タクシー定期券」の実用化をめざしているが、マイカーやタクシーなどの移動手段に頼らず、公共交通機関の整備・拡充を図ることが先決である。

とりわけ、北海道のように生活圏が広域の地方の場合、このような方策は喫緊な課題で、利用者が減ったからといって赤字路線を廃止するのではなく、また、政府は「1億総活躍社会」「地方創生」、あるいは「働き方改革」などといいながらコンパクトシティ化(5)を推進し、集権国家を強化、かつ東京、大阪、名古屋の三大都市圏に特化した政治に終始しているが、地方でもだれでも住み慣れた地域で基本的人権が尊重され、かつ生存権が保障され、いつまでも健康で安全・安心な生活が確保されるべく、平和を追求するとともに基本的人権を尊重し、防災福祉コミュニティの形成をめざすべきである。それが災害時でも有効な移動手段となるからである(写真4―1)。

2 東北

(1) 地勢

東北は、総面積が約6万7000平方キロメートルと九州の約2分の1弱の広さである。北方に津軽海峡に面した青森県下北半島、中央部の八甲田山（同1584メートル）から栃木県境の那須連峰（茶臼岳：同1915メートル）にかけ、約500キロメートルと国内最長の奥羽山脈が背骨のように縦断し、かつ太平洋側に北上山地と阿武隈《あぶくま》高地、日本海側に出羽山地を従えて東西を分断、盆地や丘陵地、平野、海浜部を広げている。

気候は四季折々の変化があるが、日本海側は豪雪地帯となっている。また、夏はフェーン現象により、猛暑となることもある。

公共交通機関は東北・秋田・山形新幹線や高速バス、東北自動車道などが整備されているものの、地図で見た以上に時間がかかる。とりわけ、岩手は広く、盛岡市から三陸海岸へ出るには電車でもマイカーでも3～4時間かかる。日本海側へもかなりの時間が必要である。しかも、在来線の電車や路線バスの便数は仙台市やその周辺など一部を除けば少ないため、北海道にまさるとも劣らぬ車社会となっている。陸奥《みちのく》といわれるゆえんである。

人口は2015(平成27)年現在、900万人の大台を割り、すべての県で人口減少を迎えている。とくに秋田は高齢化率が33・84%と47都道府県のうち、トップ、以下、山形が30・76%で第7位、岩手が30・38%で同11位、青森が30・14%で同12位となっている。東北で唯一、政令指定都市の仙台市を有する宮城はともかく、福島も同28・63%と全国平均の26・64%をやや上回っており、東京電力福島第一原発事故に伴う住民の各地への避難や移住に伴い、やはり人口減少が著しい。

市町村別では秋田県金山町が57・5%とトップ、以下、昭和村54・8%、三島町50・6%、葛尾村50・0%と続いている。また、40%台も青森県今別、外ヶ浜町、秋田県上小阿仁《かみこあに》村、岩手県西和賀村の計12を数える。

(2) 産　業

農業が中心で、コシヒカリやササニシキなどのブランド米やリンゴ、サクランボ、モモなどの果樹栽培が盛んである。また、水産物はワカメやカキ、サンマなどで、この農業と水産業が二大産業である。歴史が古いため、観光名所も多く、首都圏などから年間約1700万人の行楽客を迎えているが、東日本大震災の被災による後遺症はいまだに続いており、観光産業の本格的な復興はこれからである。

近年、新興著しいのが自動車関連産業であるが、若者の車離れや環境汚染などの問題もあって一時ほどの勢いはない。また、戦後約70年経った現在も相変わらず若者の東京への流出が目立っており、人口減少に伴う過疎化に拍車をかけている。

（3）過去の災害と今後

ユーラシアプレート（岩板）と北アメリカプレートが東北の南北に走っており、青森から岩手、宮城、福島にかけて活断層が目白押しで〝地震の巣〟となっているため、今後も十分な注意が必要である。また、日本海東遠部もM7・8クラスの大規模地震のおそれがある（図4—2）。

現に、1983（昭和58）年、秋田沖を震源とする日本海中部地震が起き、合川町（現北秋田市合川地区）の小学校の児童45人のうち、13人が津波で死亡した。また、2011（平成23）年には東日本大震災が発生、三陸海岸では明治、昭和に続き、三度目の地震と津波に襲われ、約4700人の犠牲者を出した（写真4—2）。

福島では東京電力福島第一原発でメルトダウン（炉心溶融）を起こし、日本で初めて「レベル7」と最悪の事故となり(6)、「原子力緊急事態宣言」が発令された。それも「避難指示」の範囲が当初、原発から半径3キロメートル圏内だったが、その後、放射性物質が北西風に押され、北方に拡散したため、同30キロメートル圏内まで拡大され、一時、住民計約16万人が首都圏など全国に避難した。

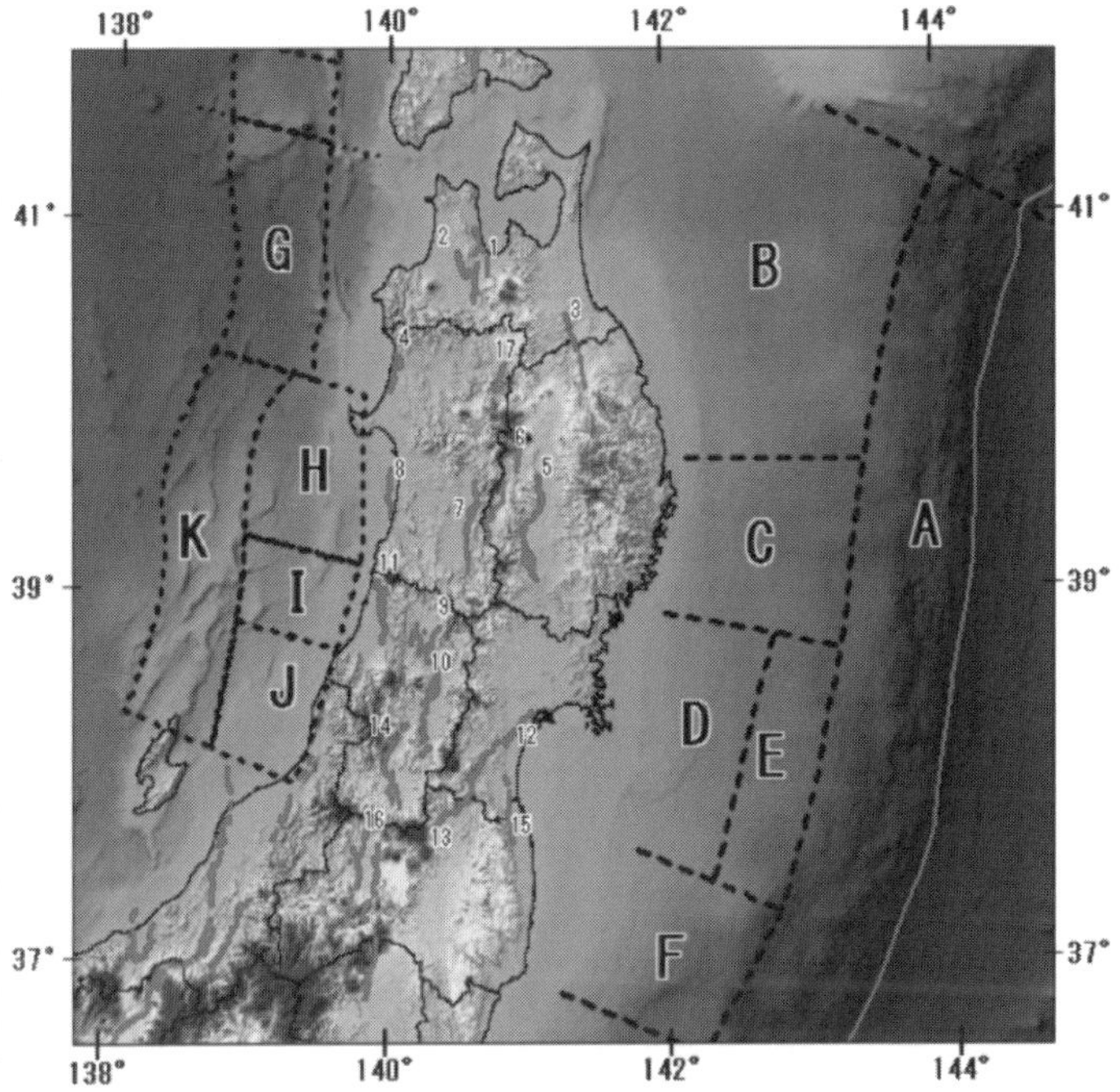

［海溝型］
A. 三陸沖から房総沖の海溝寄り
B. 三陸沖北部
C. 三陸沖中部
D. 宮城県沖
E. 三陸沖南部海溝寄り
F. 福島沖
G. 青森県西方沖
H. 秋田県沖
I. 山形県沖
J. 福島県北部沖
K. 佐渡島北沖

図4-2　東北の活断層
（出典：政府地震調査研究推進本部HP、2017年）

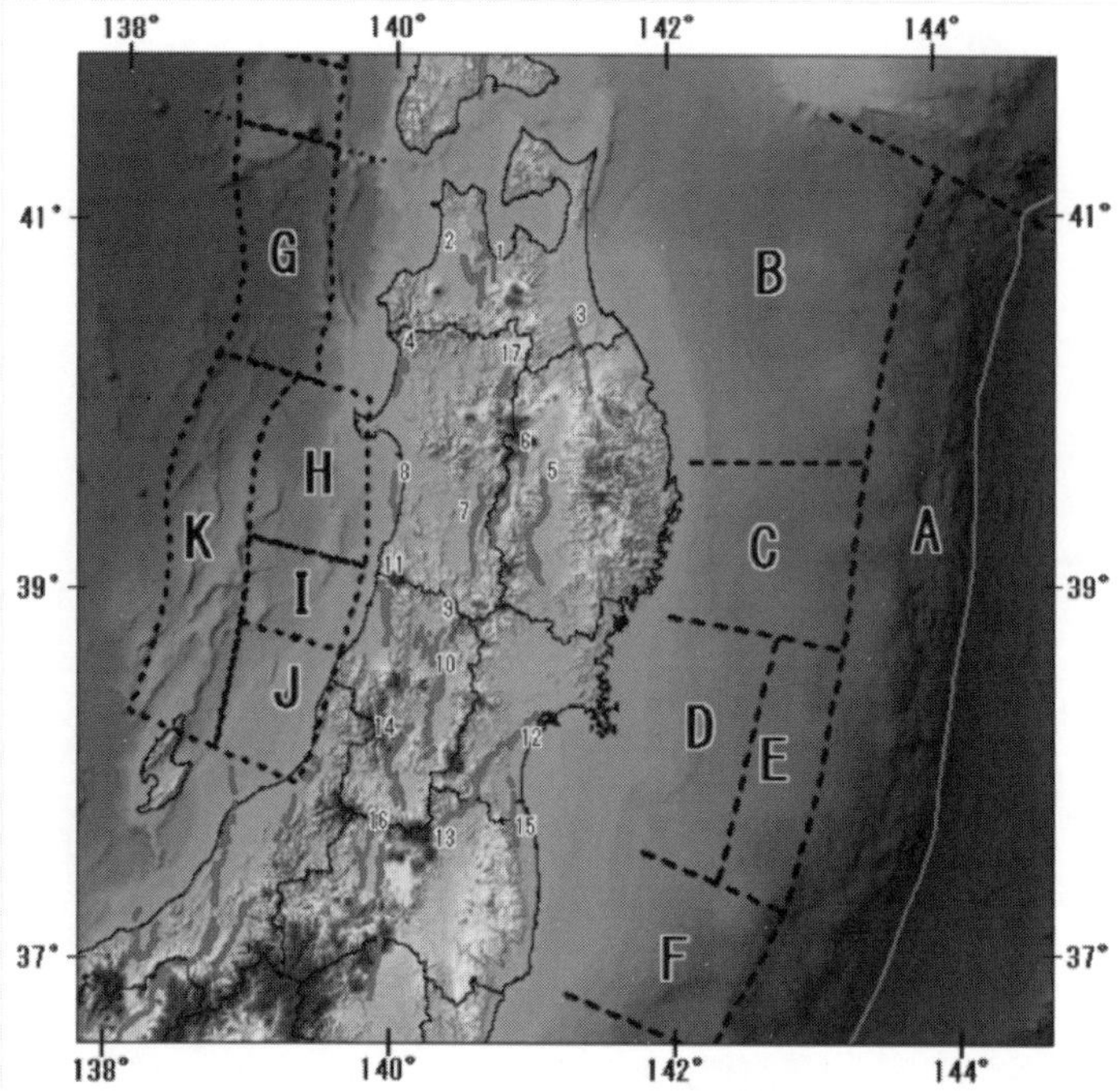

［内陸型］
1. 青森湾西岸断層帯
2. 津軽山地西縁断層帯
3. 折爪断層
4. 能代断層帯
5. 北上山地西縁断層帯
6. 雫石盆地西縁—真昼山地東縁断層帯
7. 横手盆地東縁断層帯
8. 北由利断層
9. 新庄盆地断層帯
10. 山形盆地断層帯
11. 庄内平野東縁断層帯
12. 長町—利府線断層帯
13. 福島盆地西縁断層帯
14. 長井盆地断層帯
15. 双葉断層
16. 会津盆地西縁・東縁断層帯
17. 花輪東断層帯

図4-2　つづき

しかし、その後、被災者の自宅の室内や田畑、森林の除染は行われていないため、2017（平成29）年4月までに「帰還困難区域」が順次解除されたものの、帰還したのは高齢者など全体の1～2割にすぎない。また、避難者のなかには数か所にわたって避難を余儀なくされたため、病死したり、自殺したりする「災害関連死」も出たほか、一時帰宅したものの、室内や庭、周辺の田畑や林の放射線量が依然として高いため、帰還をあきらめるなどコミュニティは崩壊したままである。

このようななか、政府は同年9月中旬にも双葉町の「帰還困難区域」の一部を特定復興再生拠点と認定し、2022年春までに除染やインフラの整備を完了させ、町民の約2割強に当たる1400人の帰還をめざすことにしている。

写真4-2　東日本大震災の津波の被災地
（岩手県宮古市田老地区にて）

ところが、東京電力は被害者の補償や賠償、生活再建、さらに汚染水対策や廃炉作業などに必要な費用が少なくとも計約11兆円も必要なため、役員の報酬の減額や職員のリストラによってこれらの費用を捻《ねん》出しようとしても足りず、政府に支援を求めている始末である。また、この東日本大震災の影響で東北は東へ最大5・3メートル引っ張られたため、海側から内陸側に沈み込んでいる太平洋プレートとのひずみによる地震の発生が懸念されているが、太平洋側に比べ、日本海側の住民は防災意識が低いといわれているため(7)、防災に対する自覚が求められている。

このほか、岩手県岩泉町で2016(平成28)年、岩手豪雨のため、グループホームの入居者9人が敷地内に押し寄せた濁流に飲み込まれ、死亡した。「避難準備情報」が出されたにもかかわらず、入居者への避難誘導がなく、この惨事となったといわれているが、氾濫の危険性がある河岸になぜ施設の設置認可が下りたのか、また、立地の危険性を予知できなかったのか、根本的な検証が必要である。

一方、活火山ではとくに那須岳(茶臼岳)や蔵王山、八甲田山、十和田山(同1054メートル)が要注意である(前出・資料1―1)。実際、1401(応永17)年、那須岳の噴火で死者180人余りを出した。

また、1888(明治21)年、磐梯山(同1816メートル)の噴火で477人、集落5か所が埋没、1900(明治33)年、安達太良山《あだたらやま》(同1718メートル)の噴火で72人がそれぞれ

写真4−3　復興道半ばの被災地（岩手県釜石市にて）

死亡した。

宮城県女川町《おながわちょう》にある東北電力女川原発も蔵王山（同１８４１メートル）や吾妻山（西吾妻山：同２０３５メートル）の火口から半径約１６０キロメートル圏内に建設されているため、やはり要注意である。

また、医師の数が人口比で全国の水準よりも低いうえ、無医地区が多いため、救命救急への対応も急がれている。野生動物の被害の除去や民家の放射能線量への対策も必要で、東日本大震災の復興はいまだに道半ばである。このほか、東北電力東通原発の敷地内に活断層があるとされているため、保健・医療・福祉・地域防災、さらに原子力災害も重視した防災福祉コミュニティの形成が必要である（写真４−３）。

3　北陸・信越

(1) 地　勢

北陸は富山、石川、福井、新潟の4県とするのが一般的であるが、ここでは長野、新潟県の信越も併せて考えたい。なぜなら、富山、石川、福井は中部圏や近畿圏である一方、新潟は北陸の一部とされながら首都圏、長野は首都圏と中部圏との結びつきが強いからである。

地理的には内陸部の長野以外、すべて日本海に面しており、同3000メートル級の北アルプス（飛騨山脈）や白山連峰（同2703メートル）、朝日連峰（朝日岳：同1870メートル）、飯豊《いいで》連峰（飯豊山：同2105メートル）、谷川連峰（谷川岳：同1977メートル）を従えた豪雪地帯となっている。これに対し、長野は北アルプスや中央アルプス（木曽山脈）、南アルプス（赤石山脈）など岐阜、静岡県と接する山岳部となっている。

そこで、富山、石川、福井、新潟はこれらの高峰が日本海に向け、急傾斜地や盆地、高原を従えており、かつ冬はシベリア寒気団がこれらの高峰にぶつかって降雪をもたらすため、新潟を筆頭に雪国となっている。長野は南北に長く、北部は豪雪であるのに対し、南部は比較的雪は少ないものの、「暴れ川」の異名を持つ天竜川など急流な河川を有する。

人口は2015（平成27）年現在、計約760万人だが、うち、同130万人は新潟市と金沢市である、公共交通機関は上越・北陸新幹線のほか、高速バスや北陸・関越自動車道などがあるが、住民の足となる在来線の電車や路線バスは県都の富山、金沢、福井、新潟市など一部しかなく、マイカーに依存している。

少子高齢化も進んでおり、富山は30・54％で全国第9位、新潟は29・86％で同15位である。また、40％を超えている市町村は石川県珠洲《すず》市の46・6％をはじめ、穴水町45・5％、輪島市43・1％、志賀町40・2％、福井県池田町43・2％、富山県朝日町40・9％などと続いている。

(2) 産　業

富山は重工業と水産業、石川は伝統工芸や水産物、観光、福井は軽工業と水産業などが発達している。とくに富山と新潟は北アルプスなどの豊富な雪解け水を利用した水力発電をはじめ、コシヒカリなどブランド米の農業が盛んで、日本酒の醸造元も多い。水産業ではブリやズワイガニ、ホタルイカなどが水揚げされており、名古屋や大阪、東京に出荷されている。

若狭地方の福井県敦賀市や美浜、高浜町には関西電力や日本原子力発電の原発、日本原子力研究開発機構の高速増殖炉「もんじゅ」、新型転換炉「ふげん」など国内にある54基の原発のうち、約4分の1に当たる14基も抱えているため、「原発銀座」といわれている。地元の北陸電力も石川県志賀町に志賀原発を有している。

(3) 過去の災害と今後

活断層は金沢市から北東方向にかけて森本・富樫断層帯、また、岐阜県内の濃尾《のうび》断層帯にも近いため、1799(寛政11)年、M6クラスの金沢地震で死者15人、また、1948(昭和23)年、M7・1の福井地震が発生、福井、石川で計3769人が死亡し、関東大震災、阪神・淡路大震災、東日本大震災に次ぐ戦後三番目の大規模地震となった。

このほか、1964(昭和39)年、M7・5の新潟地震、2007(平成19)年、同6・3の新潟県中越地震が相次いで発生している。今後、M7・6クラスの佐渡ヶ島北方沖の日本海東縁部地震も懸念されている(図4—3)。

活火山も立山・弥陀ヶ原《みだがはら》(同2000メートル)や新潟焼山(同2400メートル)をはじめ、白山や妙高山(同2454メートル)、浅間山、御嶽山《おんたけさん》(同3067メートル)、焼岳(同2444メートル)、乗鞍岳(同3026メートル)と席巻している(前出・資料1—1)。

しかも、前述した「天明の大噴火」の浅間山をはじめ、2014(平成26)年、噴火によって58人が死亡、5人が行方不明の御嶽山も新潟焼山とともに噴火警戒レベルは2017(平成29)年9月現在、「1」のままである。

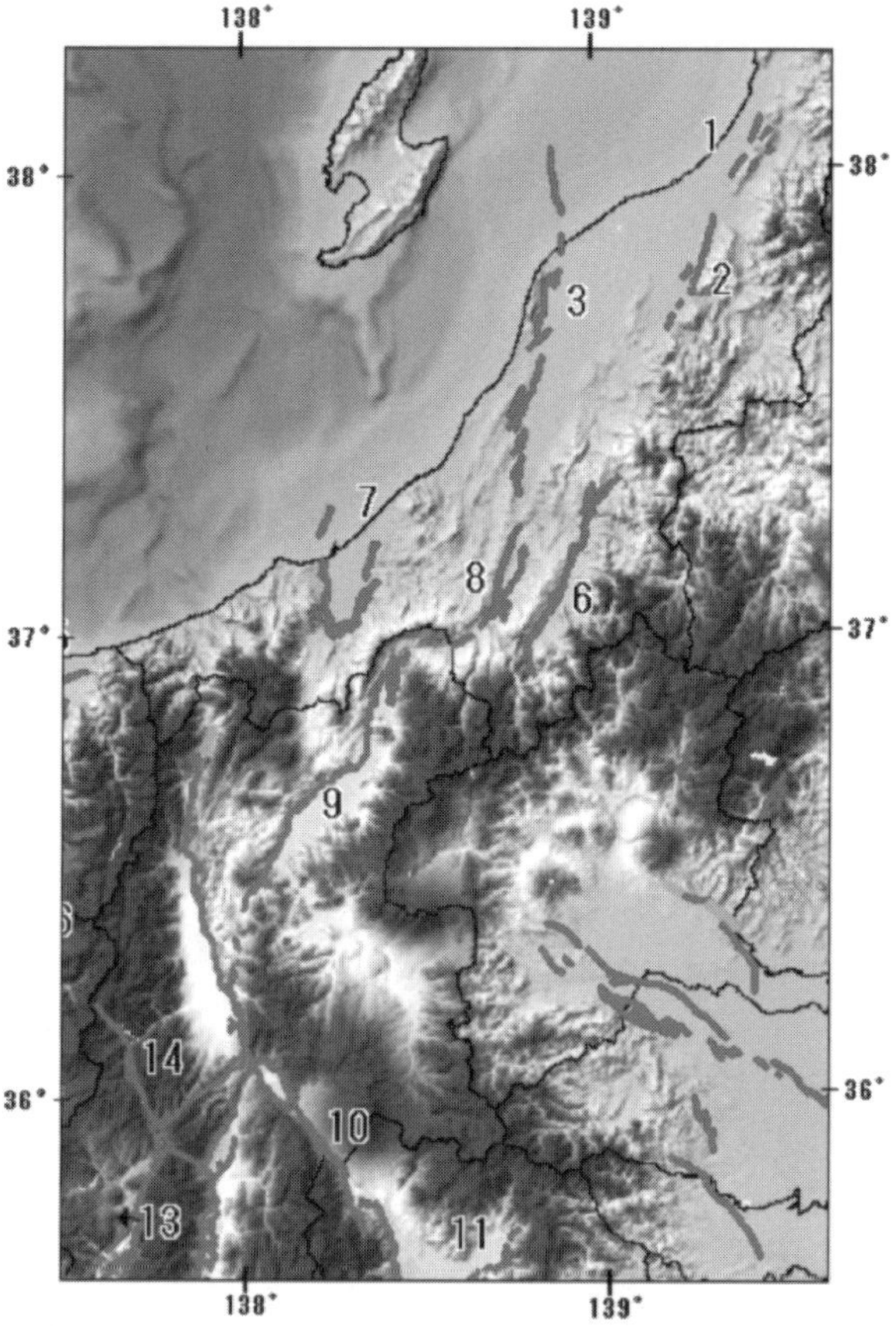

［内陸型］
1. 櫛形山脈断層帯
2. 月岡断層帯
3. 長岡平野西縁断層帯
6. 六日町断層帯
7. 高田平野断層帯
8. 十日町断層帯
9. 長野盆地西縁断層帯
10. 糸魚川・静岡構造線断層帯
11. 曽根丘陵断層帯
13. 木曽山脈西縁断層帯
14. 堺峠・神谷断層帯

図4-3　北陸・信越の活断層
（出典：政府地震調査研究推進本部HP、2017年）

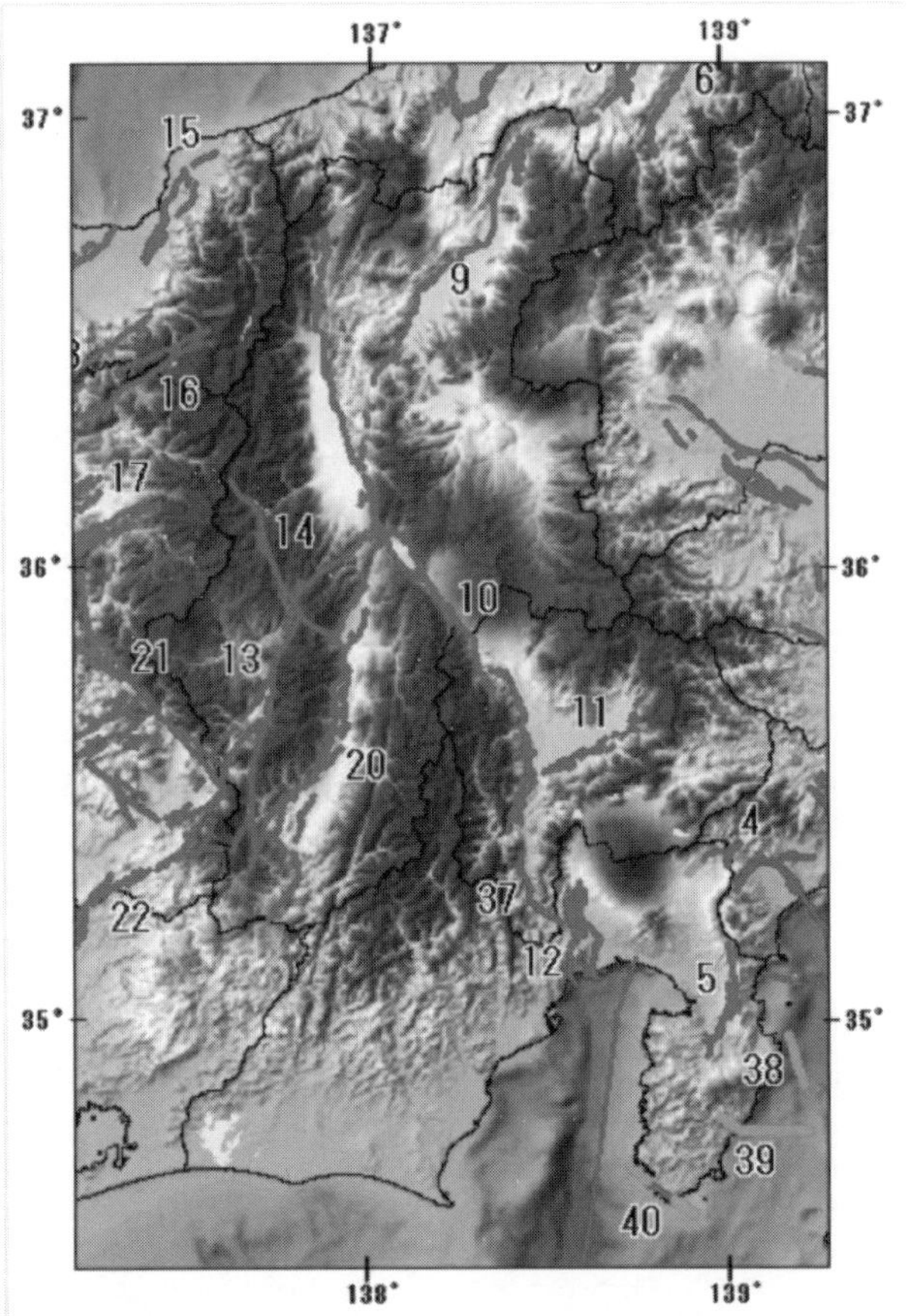

［内陸型］
15. 魚津断層帯
16. 跡津川断層帯

20. 伊那谷断層帯
22. 屏風山・恵那山及び猿投《さなげ》山断層帯

図4-3　つづき

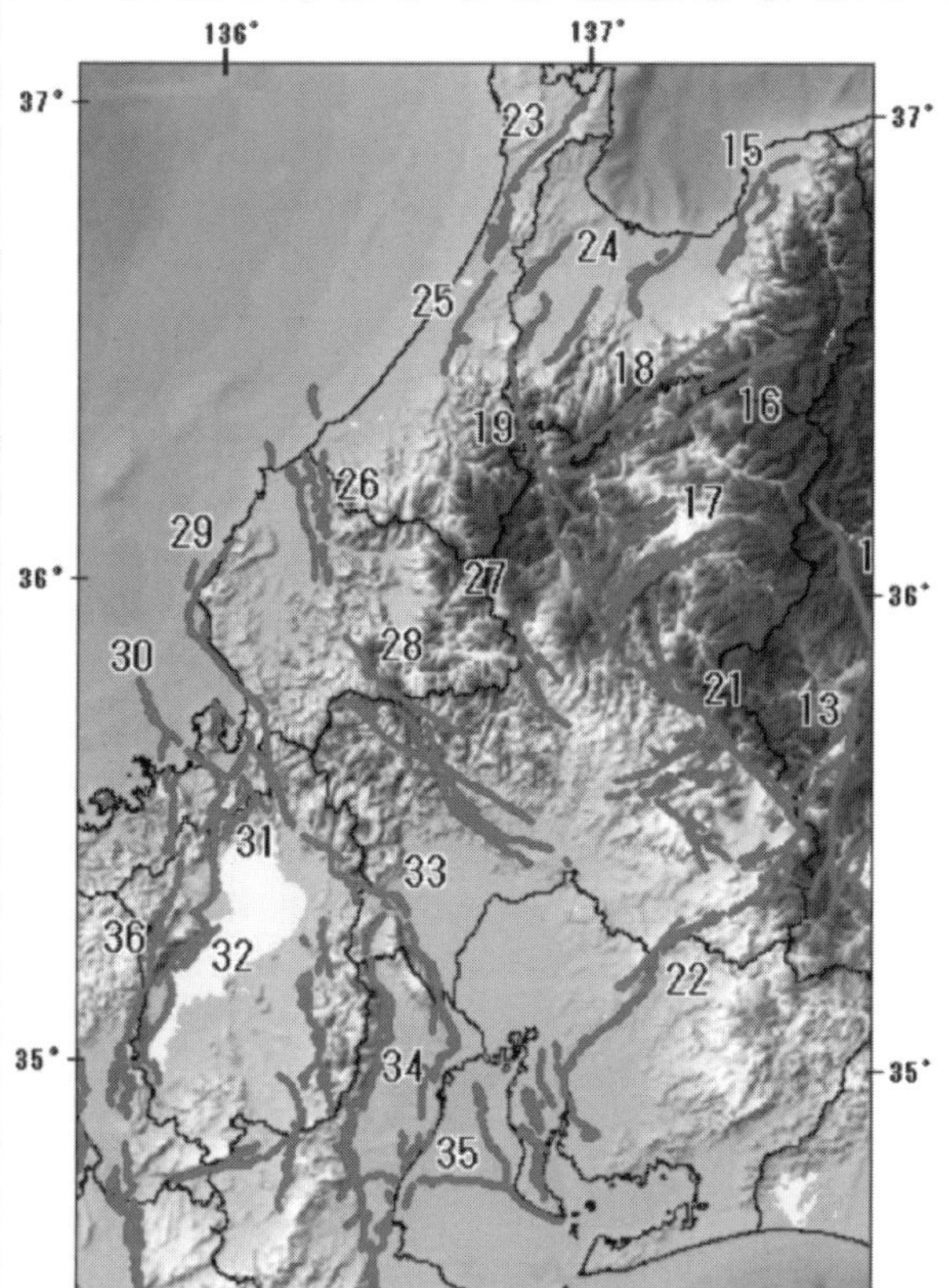

［内陸型］
18.　牛首断層帯
19.　庄川断層帯
23.　邑知《おうち》潟断層帯
24.　砺波《となみ》平野断層帯・呉羽山断層帯
25.　森本・富樫断層帯
26.　福井平野東縁断層帯

図4-3　つづき

また、新潟、佐渡市にまたがる東京電力柏崎狩羽原発は草津白根山（同2160メートル）や日光白根山（同2578メートル）、浅間山からそれぞれ半径約160キロメートル圏内にあるため、こちらも要警戒で、歴代の新潟県知事は再稼働に慎重な姿勢を表明している。

一方、高速増殖原炉「もんじゅ」は1995（平成7）年、ナトリウム漏れ、2010（平成22）年、炉内への燃料交換機の落下、2012（平成24）年、機器約1万点の点検漏れ、2015（平成27）年、機器の重要度分類の誤認などの事故を相次いで起こし、これまで国費約1兆円を費やした。このため、「運転能力がない」として廃炉すべきだと指摘されているが、政府はその責任や総括もせず、開発を前提に生き残りを図っており、予断を許さない。

また、関西電力美浜原発3号機は稼働後、40年を超えたため、本来、廃炉にすべきところ、2016（平成28）年、「新規制基準」を満たすとの原子力規制委員会の決定を受け、1、2号機に続き、耐震工事後の2020年ごろ、運転延長の見通しで、「原則40年ルール」(8)が骨抜きにされる情勢である。さらに、日本原子力発電敦賀原発の2号機の原子炉建屋直下の断層帯が活断層の可能性が高いと指摘されている。このため、隣接する滋賀県や京都府の自治体や住民から不安の声が上がっており、一部で再稼働差し止めを求める仮処分申請や民事裁判などが相次いで起こされている。

このほか、食料や飲料水の備蓄、避難所および避難経路の安全性、生活再建、復旧、復興、災

写真4-4　地震と原発事故が憂慮される福井
（福井市防災センターにて）

害ボランティアや支援物資の受け入れ・仕分け・配給、自主防災組織のさらなる組織化、他の自治体との災害時相互応援協定および受援協定の締結など課題は数え切れない。

いずれにしても、石川、福井については地震や津波、火山噴火、さらには原発事故という「複合災害」を考慮した防災福祉コミュニティの形成が課題である（写真4―4）。

4　中国・四国

(1) 地　勢

中国は総面積約3万1000平方キロメートルで東西に長く、その中央部を中国山地が山口から島根、広島、鳥取、さらに岡山県まで延びている。最高峰の大山《だいせん》や外輪山の蒜山《ひるぜん》、三瓶山《さんべさん》はいずれも同1000~1700メートルと低いものの、日本海側は急峻な地形となっている。

これに対し、瀬戸内側は比較的緩やかな盆地や平野、あるいはゆるやかな河川の流域となっている。もっとも、台風の接近や上陸はまずないものの、年によっては梅雨前線による局地的な集中豪雨や増水、河川の氾濫などに見舞われるおそれがある。

四国の総面積は同1万9000平方キロメートルとこじんまりしているが、石鎚山《いしづちさん》(同1982メートル)を主峰とする四国山地が中央部にそびえており、太平洋側は毎年、台風や集中豪雨による水害が相次いでいる一方、瀬戸内側は水不足に泣かされている。

公共交通機関は中国は山陽新幹線や高速バス、中国自動車道などと比較的便利だが、四国は本州四国連絡橋(本四架橋)による在来線の電車や路線バス、高松、高知、徳島などの自動車道、また、航路があるものの、日本海側と四国の太平洋側は不便である。とくに四国はいまだに新幹線がなく、本州と隔絶された感がある。

現に、マイカーの保有率は2016(平成28)年現在、全国平均が39・0%に対し、四国は51%と過半数を超えており、全国屈指の車社会となっている。

人口は2017(平成29)年現在、中国は約760万人で、うち、広島市は同120万人、岡山市は同72万人で、ともに政令指定都市である。これに対し、四国は約385万人で、香川県高松市と愛媛県松山市がその中核都市として競っている。

ただし、少子高齢化はご多聞にもれず進んでおり、2015(平成27)年現在、高齢化率は高知が32・8%で全国第2位、島根が32・5%で同3位、山口が32・1%で同4位、徳島が30・9%で同5位、愛媛が30・6%で同8位など上位をほぼ独占している。市町村別で同50%を超えているのは中国電力が上関《かみのせき》原発の建設を計画中の山口県上関町の54・4%をはじめ、周防《すおう》大島町51・9%、高知県大豊町55・9%、仁淀川町53・9%、徳島県上勝町の54・4%、また、40%以上は島根県知夫村《ちぶむら》の49・6%、広島県安芸《あき》太田町の49・3%、鳥取県日南町の49・2%、徳島県神山町の49・5%など計31と全国一高齢化の地域となっている。

(2) 産　業

中国では鳥取のナシやズワイガニ、岡山のマスカットやモモ、広島のカキが有名だが、このほか、倉敷市水島地区や福山、徳山市など瀬戸内海沿岸は石油コンビナートを形成している。また、四国は高知を中心にカツオなどの水産業をはじめ、うどんやスダチなどが名物である。
このほか、坂出、丸亀、新居浜、西条、今治、松山市などを中心に瀬戸内工業地帯を形成しており、近畿圏との経済交流が盛んに行われている。

(3) 過去の災害と今後

岡山や広島など瀬戸内地方を中心とした中国にはこれといった活断層は見受けられないが、四国は沖合の海底の大陸のプレートの下にフィリピン海プレートが太平洋側から内陸部にかけ、年間数センチの割合で沈み込んでいる。このため、二つのプレートの境界にはひずみが蓄積されており、過去1400年間に約100~200年の間隔で蓄積されたひずみを解放する大地震が発生している。これが静岡県沖から紀伊半島、四国、九州沖にかけて続く南海トラフ巨大地震である(図4—4)。

←左図参照

［内陸型］
1. 穴道(鹿島)断層
2. 雨滝—釜戸層
3. 鹿野—吉岡断層
4. 日南湖断層
5. 岩坪断層
6-1. 那岐山断層帯
6-2. 山崎断層帯(主部北西部区間)
7. 長者ヶ原—芳井断層
8. 宇津戸断層(北部区間)
9. 安田断層
10-1. 菊川断層帯(北部区間)
10-2. 同(中部区間)
10-3. 同(南部区間)
11-1. 岩田—五日市断層帯(己斐断層区間)
11-2. 同(五日市断層区間)
11-3. 同(岩田断層区間)
12-1. 周防灘断層帯(周防灘主部区間)
12-2. 同(秋穂沖断層区間)
13-1. 安芸灘断層帯)
13-2. 広島湾—岩国沖断層帯
14. 安芸南方沖断層
15-1. 弥栄断層
15-2. 地福断層
16-1. 大原湖断層
16-2. 小郡断層
17. 筒賀断層
18. 滝部断層
19. 奈古断層
20. 栄谷断層
21. 黒潮断層
22-5. 中央構造線断層帯(讃岐山脈南縁東部区間)
22-6. 同(同西部区間)
22-7. 同(石鎚山脈北縁区間)
22-8. 同(同西部区間)
23. 長尾断層帯
24. 上法軍寺断層
25. 上浦—西月ノ宮断層
26. 綱附森断層

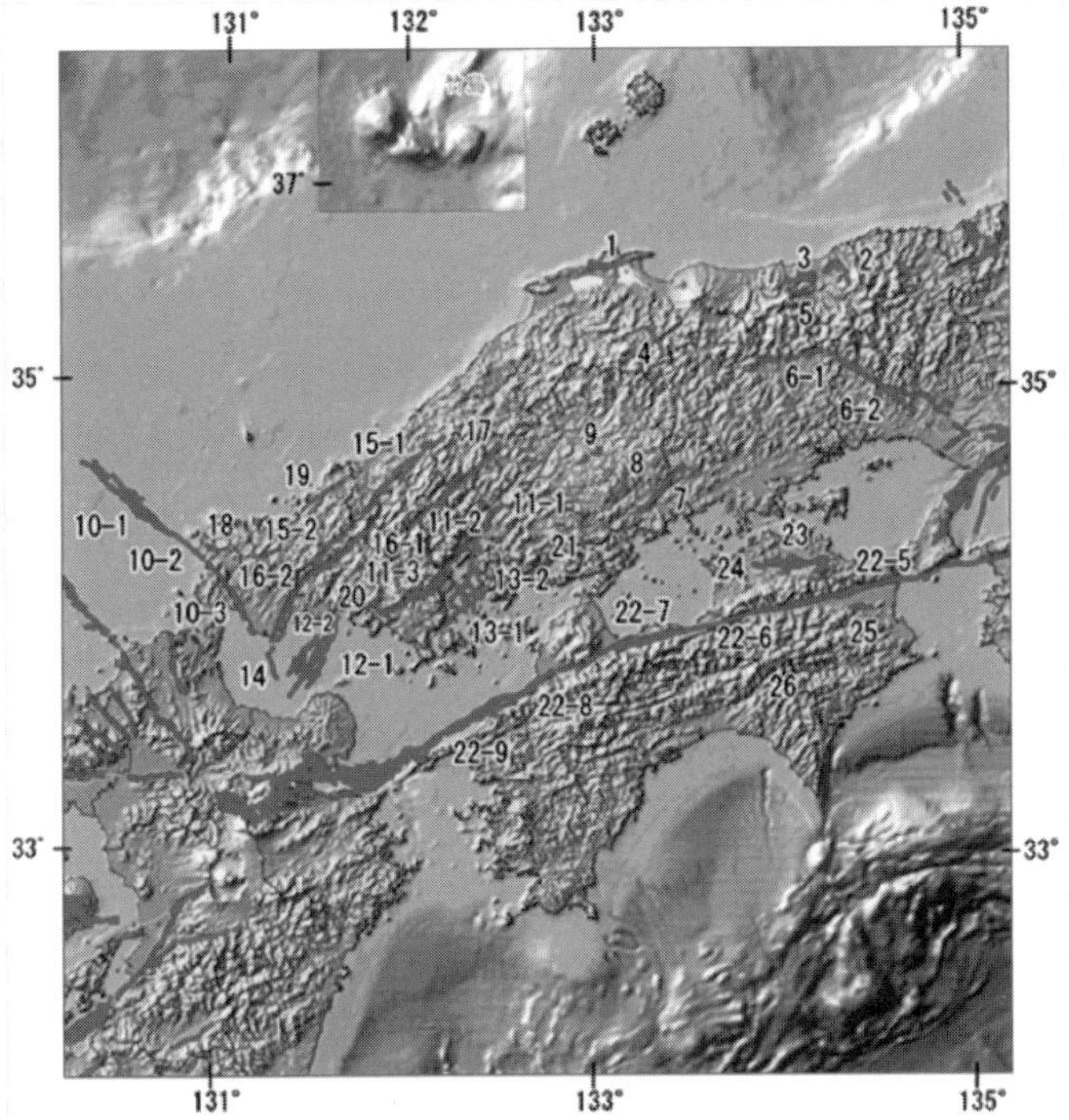

図4-4　中国・四国の活断層
（出典：政府地震調査研究推進本部HP、2017年）

現に、近年だけみても昭和東南海地震（1944＝昭和19年）、昭和南海地震（1946＝昭和21年）が立て続けに発生している。しかも、この昭和東南海地震と昭和南海地震が起きてから70年前後経っており、次の大規模地震の発生の可能性が高まっている。また、台風の常襲地帯でもあるため、夏から秋にかけ、その来襲の時季によってはダブルパンチの可能性もある。

ちなみに、1605（慶長9）年の慶長地震や1707（宝永《ほうえい》4）年の宝永地震、1854（安政元）年の安政南海地震はともに南海トラフが原因だった(9)。また、昭和東南海地震の2年後に発生、南海地震は90～150年の間隔で周期的に発生していることがわかっている。日本海東遠部もM7・8クラスの地震の可能性がある。

さらに、2000（平成12）年、同7・3の鳥取県西部地震、翌2001（平成13）年、同6・7の芸予地震がそれぞれ発生した。また、大分から愛媛、香川、徳島、さらに奈良、三重、静岡、長野、群馬、埼玉、千葉県へ約360キロメートルも続く日本最大の活断層の中央構造線断層帯もある。このほか、日本海東遠部もM7・8クラスの地震に要注意であるため、津波の避難場所の指定の是非を再検討する必要がある(10)。

活火山は中国の三瓶山（同1126メートル）と阿武火山群（笠山：同112メートル）で、四国にはない。

ただし、豊後《ぶんご》水道沿いの愛媛県伊方《いかた》町に四国電力伊方原発があり、2016（平成28）年、再稼動に踏み切った。このため、対岸の大分県の住民有志が即、運転の差し止めを求め、大分地裁に集団提訴した。同原発は豊後水道をはさみ、約45キロメートルしか離れていないうえ、中央構造線断層帯がある。また、同年の熊本地震に脅威を感じたが、原発事故が誘発されて起きた場合、放射能物質による広域的な拡散による汚染を避けらないといわれている。

そこで、同原発に対し、松山、広島地裁で住民が同様の訴訟を起こしており、2017（平成29）年現在、計3件目となっている。

とりわけ、倉敷市水島地区や坂出市などでは火力発電所や石油貯蔵施設、液化天然ガス（LNG）の受け入れ基地など危険物を取り扱うコンビナートも多いため、これらの爆発事故や火災にも備えた防災福祉コミュニティの形成が必

写真4-5　地震による誘発で爆発事故も心配なコンビナート
(坂出市にて)

要となる（写真4―5）。

5　九州

(1)　地勢

九州の総面積は2017（平成29）年現在、約4万5000平方キロメートルで、ほぼ中央部に九州山地が連なり、これに沿って九重《くじゅう》連山（中岳：同1791メートル）がそびえ、かつ東西南北に盆地や高原、市街地が広がり、日本海や太平洋に没している。熊本や長崎、鹿児島県には天草諸島や壱岐《いき》・対馬《つしま》諸島、奄美大島、種子島、屋久島などの離島が点在している。その中核をなす阿蘇山（同1592メートル）は東西18キロメートル、南北25キロメートルに及ぶ世界最大級のカルデラの活火山として知られている。

気候は全般に温暖であるが、離島の一部は亜熱帯気候で降水量が多い。とくに宮崎や鹿児島は毎年のように集中豪雨や台風に見舞われている。

人口は2017（平成29）年6月現在、約1300万人で、うち、同510万人は福岡に集中している、公共交通機関は九州、山陽新幹線のほか、高速バス、九州自動車道などが整備されているが、在来線の電車や路線バスは福岡、大分、佐賀、長崎、熊本、宮崎、鹿児島市など一部にしかないため、移動手段はマイカーが中心である。

少子高齢化も進んでおり、２０１５（平成27）年現在、高齢化率は大分が30・45％と全国第10位、以下、長崎29・60％で同17位、宮崎29・49％で同18位、鹿児島29・43％で同19位、熊本28・76％で同21位、佐賀27・68％で同31位となっており、唯一、全国平均を下回るのは25・90％の福岡にすぎない。市町村別で同40％を超えているのは宮崎県美郷町の48・０％をはじめ、長崎県小値賀町《おぢかちょう》の45・７％、鹿児島県南大隅町の45・６％など計10地域に上っている。

このほか、桜島がある旧桜島町は１９７３（昭和48）年、たび重なる噴火活動のため、人口減少に歯止めがかからず、１９５０（昭和25）年当時、約７８００人いた住民は２０００（平成12年）、約６３００人、２０１０（平成22）年、約５６００人に減り、２００４（平成16）年、鹿児島市に編入され、同市桜島町となった。

(2) 産　業

産業は総じて農林水産業ともほどよく活発で、地元福岡や近畿、首都圏方面に出荷されており、安定している。なかでも農業ではビニールハウスを利用した各種野菜や銘茶、サツマイモ、マンゴー、バナナなどが盛んである。

ただし、戦後の炭鉱の閉山や鉄冷えのため、不況に追い込まれた北九州工業地帯などでは造船業や自動車産業などに活路を見いだしている。観光では名城や名園がある熊本や南国情緒豊かな宮崎、鹿児島など南九州に人気が集まっており、九州経済を潤している。大分は「一村一品」運動のメッカで、サバやアジ、豊後牛、日本有数の温泉地を抱え、地域おこしに成功している。

（3）過去の災害と今後

活断層は阿蘇山を中心に中央構造線断層帯や活火山が各地にあるため、要注意である。たとえば九州の政治・経済の中心地、福岡市周辺では警固《けご》断層帯があるため、最大の警戒が必要である。

また、２０１６（平成28）年の熊本地震では、これとは別の全長約30キロメートルの二つの活断層がねじれてズレ、南阿蘇村や益城《ましき》、西原村、熊本市、大分で計１１０人が死亡したほか、熊本城の天守閣が損壊したり、民家も同18万棟が全・半壊、または一部が破損した。また、これに先立つ２００５（平成17）年、Ｍ７・０の福岡県西方沖地震も発生したため、Ｍ７・８クラスの日向灘・南西諸島海溝が予想されている（図４―５）。

阿蘇山の頻繁《ひんぱん》な噴火活動も心配のタネで、１９５３（昭和28）年、中岳第一火口の噴火で観光客６人、１９５８（昭和33）年、同火口の噴火で観光客12人、１９７９（昭和54）年、同火口の噴火で観光客３人の犠牲を出している。噴火活動はその後も繰り返しており、２０１７（平成29）

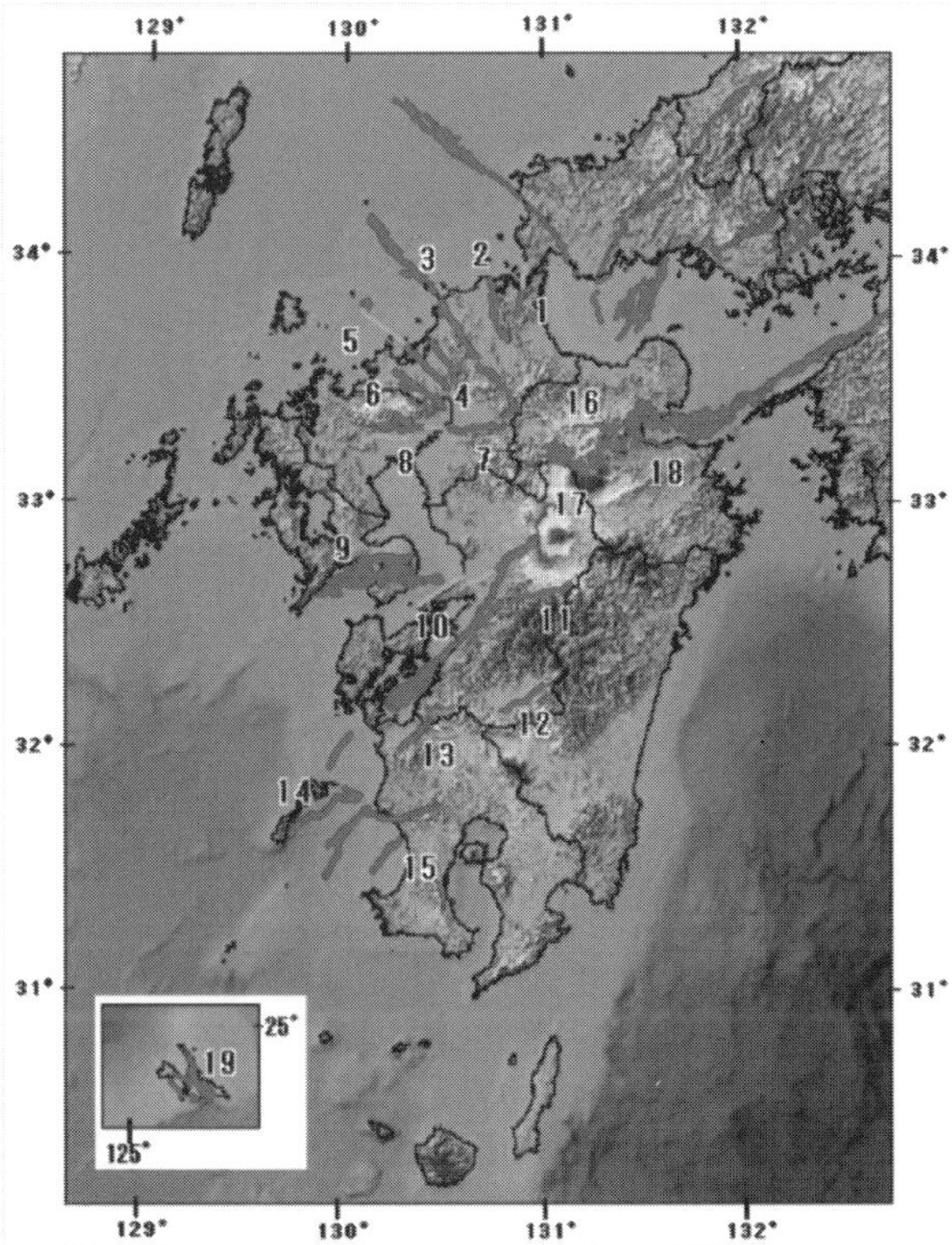

［内陸型］
1. 小倉東断層
2. 福智山断層帯
3. 西山断層帯
4. 宇美断層
5. 警固断層帯
6. 日向峠—小笠木峠断層帯
7. 水縄断層帯
8. 佐賀平野北縁断層帯
9. 雲仙断層群
10. 布田川断層帯・日奈久《ひなぐ》断層帯
11. 緑川断層帯
12. 人吉盆地南縁断層
13. 出水断層帯
14. 甑《こしき》断層帯
15. 市来断層帯
16. 日出生《ひじう》断層帯
17. 万尾山《はねやま》— 崩平山《くえのひらやま》断層帯
18. 中央構造線断層帯
19. 宮古断層帯

図4-5　九州の活断層
（出典：政府地震調査研究推進本部HP、2017年）

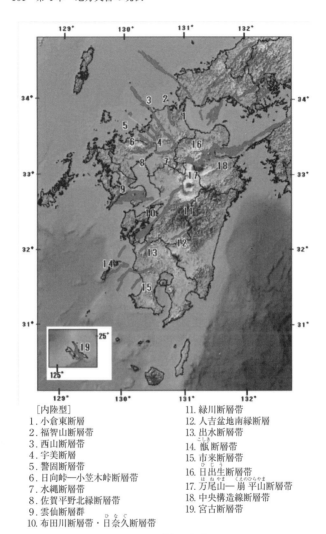

年現在、噴火警戒レベルは「2」から「3」に引き上げられている。

一方、雲仙・普賢岳《ふげんだけ》は1792（寛政4）年に噴火、「島原大変・肥後迷惑」とされている。また、1991（平成3）年の噴火では火砕流が繰り返し発生し、住民やマスメディア、研究者ら計43人が死亡、または行方不明になり、平成新山を形成したのはまだ記憶に新しい。

このほか、桜島を中心とした鹿児島湾（錦江湾《きんこうわん》）は直径約20キロメートルの窪地からなる姶良《あいら》など五つのカルデラを有し、阿蘇山に匹敵するほどきわめて危険性が高い。実際、1779（安永8）年、海底噴火が起こり、長崎や江戸でも降灰があって死者計153人を出した。1914（大正3）年、火砕流や溶岩流、火山灰によって58〜59人が死亡したほか、鹿児島湾が埋め立てられ、大隅半島と陸続きになった。また、1955（昭和30）年、南岳の山頂火口で大量の噴石を噴出して爆発し、死者1人を出した。

この桜島の火口から半径150キロメートル圏内の鹿児島県薩摩川内《せんだい》市に九州電力川内原発、佐賀県玄海町に同玄海原発がある。

このうち、九州電力川内原発は2013（平成25）年、東京電力福島第一原発事故以来、国内のすべての原発が停止されて以来、約2年ぶりにそのトップを切り、まず1号機が再稼働した。地元鹿児島県や薩摩川内市は地域防災計画との連携も不十分で、半径30キロメートル圏内の156市町村の議員が再稼働に対し、不満とする声があるなか(11)、政府の再稼働の方針が雇用創出と地域経済の持続を理由に歓迎している有様である[12]。このため、住民１か月当たり１万円の慰謝料を請求する住民訴訟や運転の差し止めを求める仮処分申請が鹿児島地裁に起こしたものの、却下されたため、福岡高裁宮崎支部に即時抗告し、２０１７（平成29）年９月現在、係争中だが、桜島の大噴火や地震、津波による原発事故も懸念されている。

一方、九州電力玄海原発は半径30キロメートル圏内に佐賀、長崎、福岡の住民約27万人がおり、しかも圏外に避難するには24時間50分必要なうえ、壱岐市の島民の場合、最長５日半かかるという[13]。しかし、同電力は２０１８（平成30）年１月、３号機の再稼働をめざし、原子力規制委員会に使用前検査を申請している。

また、はるか沖合いであるが、２０１５（平成27）年に噴火した口永良部《くちのえらぶ》島もある（前出・資料１—

写真4-6　周辺の自治体への影響も懸念される桜島の噴火
（有村地区にて）

1)。

なお、桜島島内の住民の高齢化が著しく、火口からわずか約25キロメートルの14世帯、20人の有村、27戸、34人の塩屋ヶ元など計18地区の約2400戸、5500人の高齢化率は平均38%と限界集落化しつつある。有村地区に至っては80%とすでに"超限界集落"となっており、平常時における「老々介護」が災害時に果たして可能かどうか、避難支援体制の確立は「待ったなし」である。

いずれにしても、九州は噴火活動が活発な阿蘇山と桜島のほか、九州電力玄海原発と同川内原発が中央部や南北に囲まれた地勢にあるため、広域的、かつ火山および原発対策を中心とした防災福祉コミュニティの形成が緊喫な課題である(写真4―6)。

6 沖縄

(1) 地勢

沖縄は沖縄本島と363の先島《さきしま》諸島、大東諸島などの離島からなり、総面積は約2228万平方キロメートルで全国第44位と下位だが、最東端から最西端まで約1000キロメートル、最北端から最南端までは同400キロメートルの広さである。最南端の与那国島と台湾は約54カイリ

（同１００キロメートル）で、総面積の同14％に在日米軍基地が設けられている。

亜熱帯気候のため、温暖で、かつ高峰もないため、氷点下になることはまずない。かといって、最高気温が35度を超える猛暑日になることはほとんどなく、また、あっても海風が心地よいため、木陰に身を寄せれば本州のような蒸し暑さはないが、紫外線は強い。もっとも、九州や四国と同様、「台風銀座」となっている。

公共交通機関は、那覇空港から首里城までのモノレール「ゆいレール」と主要都市間を結ぶ高速バス、沖縄自動車道しかない。本島から宮古島や石垣島などの離島に行くには海路が頼りである。

人口は２０１７（平成29）年６月現在、約１４３万人で、本土の東京や大阪、名古屋の三大都市圏とともに増加傾向である。このため、人口密度は東京、大阪、名古屋の三大都市圏、福岡県に次いで５番目に高い。

ただし、国内の在日米軍基地の約64％、県内の面積の全体の３分の１を占め、米軍兵士やその家族など外国人約７６００人が居住しており、米軍の軍用機の墜落事故や米兵の犯罪、交通事故などが日常化していることは周知のとおりである。それでも、合計特殊出生率が高く、長寿県であるため、本土からの若者の移住などもあって人口の増加傾向は今後も続き、２０５０年は同１３５万人と見込まれている。この結果、高齢化率は２０１５（平成27）年現在、19・２％と全国最低である。

いきおい、高齢化率が40％を超えている市町村は皆無で、渡名喜村《となきそん》の39・8％がトップである。以下、与那国村34・7％、大宜味村《おおぎみそん》32・6％などと小規模な離島や沖縄本島の北部に散在している。もっとも、2040年には30％台に上昇するとの推計はある。

(2) 産業

沖縄の産業というと、だれしも在日米軍基地の駐留に伴う軍用地料や米兵向けの商店、飲食店など基地経済に依存していると思われがちだが、本土の漁村などが地域振興のため、やむなく誘致している原発は地元沖縄電力のものなど1基もなく、長年にわたるサトウキビやマンゴー、アセロラ、パイン、タバコ、ゴーヤ（ニガウリ）などの農業が盛んである。また、マグロやイカ、ブリ、タカサゴ、アジなどの水産業に加え、近年、「世界遺産」の首里城などの史跡や異国情緒あふれる伝統工芸、ハワイに酷似したトロピカルなビーチなど本土にない観光資源がクローズアップされ、観光業が主役に躍り出ており、独り立ちも可能なほど地域経済を潤している。

現に、2016(平成28)年度の沖縄への入域観光客統計は年間861万人、一日平均約2万3500人と過去最高を記録している。もっとも、県民一人当たりの年間所得は全国平均の286万8000円に対し、同212万9000円と低く、失業率も全国一であるが、物価が安いうえ、「ゆいまある」に代表される県民の共同体意識のなか、本土にはないゆったりとした生活がある。

また、政府による沖縄振興策のため、ガソリン税や沖縄自動車道の通行料金などの軽減、ＩＴ関連および金融関連企業の税制上の優遇による誘致に伴い、本土の大手企業の進出による雇用創出もある。このため、本土復帰直後の１９７２（昭和47）年、15・５％だった基地経済への依存度も２０１１（平成23）年度には４・９％と大幅に低下しているため、在日米軍基地の返還が進展すればその跡地利用による経済効果に伴い、地域経済はさらに好転するのではないか、といわれている。

（３）過去の災害と今後

活断層は宮古島断層帯くらいであるが、今後、海域まで調査が進めばほかに活断層が見つかる可能性もある。実際、与那国島周辺には海溝型の震源域がある。それも地盤が弱いため、地震が発生した場合には他の地域よりも揺れが大きくなるおそれがある。また、糸満市など１６市町村は南海トラフの地震で著しい地震による災害のおそれもある。

しかし、総じて本島とその離島を含め、太平洋側の琉球海溝と東シナ海側の沖縄トラフに挟《はさ》まれているものの、過去の地震はほとんどなく、わずかに１８８２（明治15）年のＭ５・７と１９０

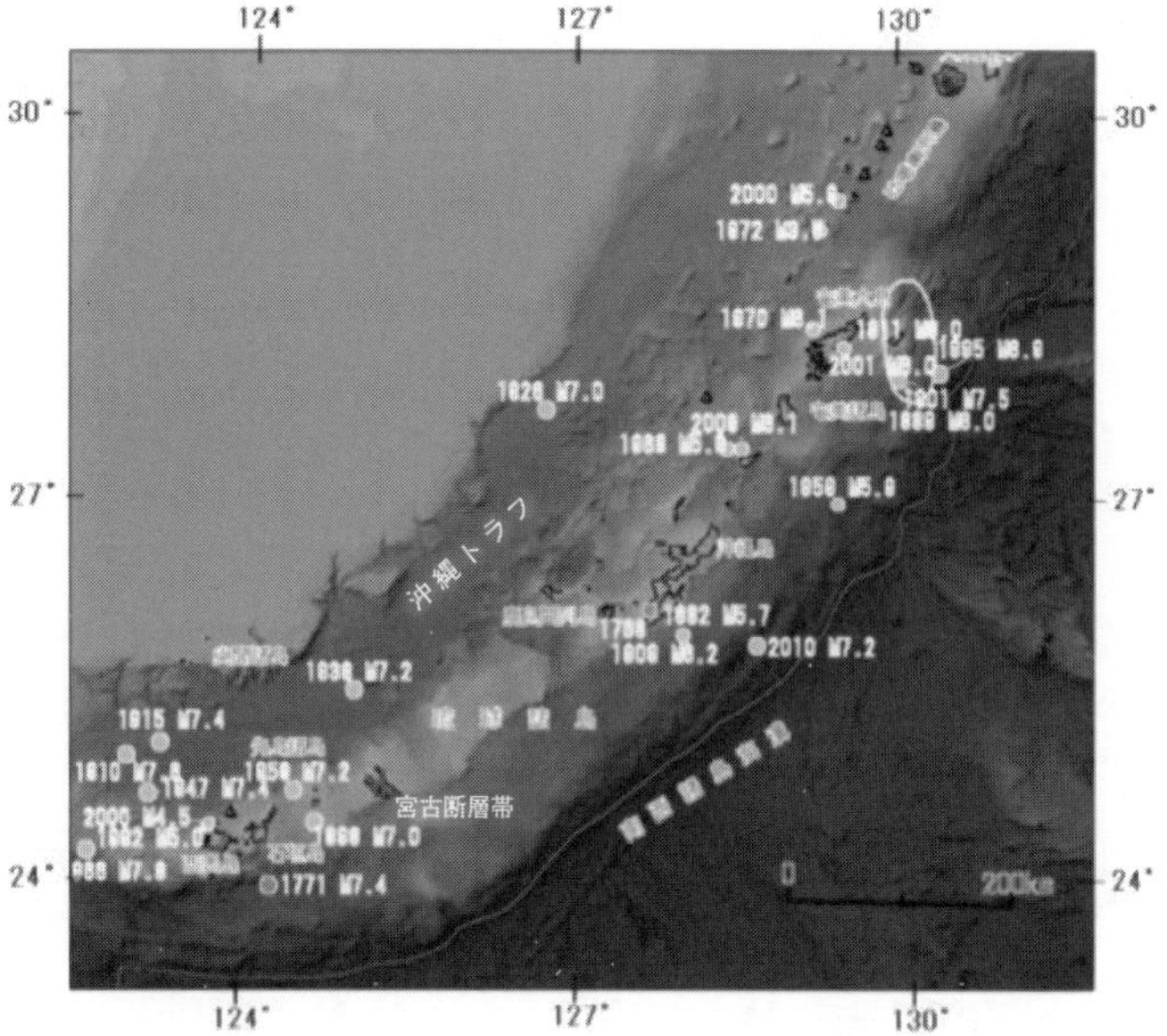

［内陸型］
1. 沖縄トラフ

［内陸型］
1. 宮古断層帯（再掲）

被害地震
（波源域・震源域）
被害地震（～1884年）
被害地震（1885～2014年）
M6.5以上　5.5以上　5.4以下と未定
長期評価を行った活断層
位置不詳部分
短い活断層
活火山

図4-6　沖縄の活断層
（出典：政府地震調査研究推進本部HP、2017年）

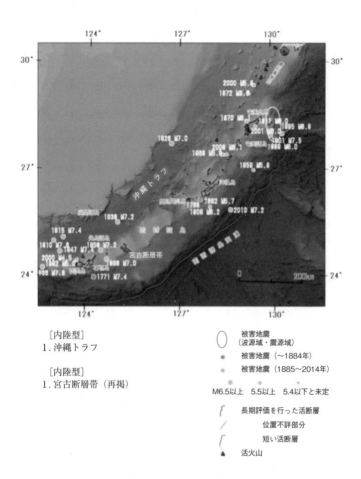

写真4-7　有事にも備えたい沖縄
（手前は伊江島。左後方は本島：航空機上にて）

9（明治42）年のM6・2、1926（大正15＝昭和元）年の沖縄島北西沖の地震（M7・0）程度である。それも死者は十数人にとどまっている。

ただし、先島諸島周辺ではM7程度の地震がしばしば発生しており、1771（明和8）年のM7・4の八重山地震では約1万2000人が津波で死亡した。また、西表《いりおもて》島付近では1991～1992（平成3～5）年、群発地震活動が活発化しているほか、南西側が下がる活断層が推定されているため、海底火山の活動が憂慮されている。また、糸満市など県内の16市町村は南海トラフの地震で著しい地震、さらに本島から与那国島にかけ、M7・8の大規模地震のおそれもある（図4－6）。

なお、離島の医療は人材的、あるいは経済的理由から医師も看護師も保健師も不足気味で、県立の総合病院がある宮古島や石垣島を除く、診療所しかない離島の急病人を陸上自衛隊や海上保安庁が宮古島や石垣島、本島の県立総合病院に搬送しているのが実態である。しかも、本島はもとより、離島に至っては本土と遠く離れているうえ、在日米軍基地が集中しているため、防災福祉福祉コミュニティの形成だけでなく、テロなどの有事にも備えた万全な対策が必要である（写真4―7）。

【注】

（1）北方領土は除く。

（2）従来、約12万～13万年前以降、活動していたものとされていたが、東日本大震災および東京電力福島第一原発事故後、原子力規制委員会の「新規制基準」にもとづき、40万年前以降に修正されている。２０１７年現在、全国に２０００以上あるとされているが、地表の断層の長さが10キロメートル未満の活断層など、地下や海底の様子もわからないものは調査の対象になっていないため、ほかにもあり得ると指摘されている。

（3）２０１７年8月25日付「朝日新聞」。

（4）大規模災害にあたり、政府は緊急事態条項にもとづき、非常措置を講ずるむね検討しているが、同条項は有事の場合に限られるため、乱用との異論がある。

（5）中心部に周辺の公共施設や学校、公園、店舗、住宅を結集させる自治体版ビッグバン。青森、富山市が有名。

(6)１９９2年から適用されている国際原子力事象評価尺度で、レベル「7」は「深刻事態」。

(7)２０１3年3月13日付「朝日新聞」。

(8)国内の原発は建設後、40年経てば原則として廃炉すべきであるが、「新規制基準」をクリアすれば例外的にさらに最長20年延長できるという措置。

(9)政府の中央防災会議は２０１7年8月、東海地震や南海トラフ巨大地震について、現行の地震の観測体制や評価方法は今後の防災対策に活用できるため、これまでの予知を前提とした前提を見直すことになった。また、従来、２６０年とされた発生の間隔や9とされるMの想定も不明と修正している。

(10)日本教育学会の調査によると、南海トラフ巨大地震で津波が予想される徳島、高知など7県、47小・中学校のうち、９校が避難場所を上層階や屋上でなく、体育館や校庭としていた。２０１４年５月11日付「朝日新聞」。

(11)２０１４年11月８日付「朝日新聞」。

(12)２０１5年1月13日付「朝日新聞」によると、九州電力川内原発の安全対策などの調査を担当し、再稼動に同意した鹿児島県議２人とその親族が経営する建設会社４社が原発など関連工事を26件、２億６００0万円分を受注していた。

(13)２０１4年5月1日付「朝日新聞」。

終章

地方災害と防災福祉コミュニティ

1　農林水産業の持続可能性

さて、これまで浅間山大噴火の被災地、鎌原村（現嬬恋村鎌原地区）における生存者の自助や互助、周辺の村の名主の共助、藩や幕府の公助による復興、およびその後、農業と観光で発展している現状、さらには地方災害の現状について述べたので、最後に、地方災害と防災福祉コミュニティについて問題提起をして結びとしたい。

そのまず第一は地場産業、なかでも農林水産業の持続可能性としての食の安定供給である。なぜなら、災害時の被災者の救援や生活再建、また、被災地への支援物資として何はともあれ、生存に関わる農林産物(1)や水産物など食料の確保が必要だからである。

(1) 食の安定供給

ところが、日本は戦後、戦災復興から高度経済成長を遂げ、国民生活が飛躍的に向上し、欧米の先進国の仲間入りをしたものの、産業・就業構造が第一次産業から第二次産業、さらには第三次産業へと変化し、コメの生産調整（減反政策）(2)や農産物の輸入自由化、地方から東京、大阪、名古屋の三大都市圏への人口の流入に伴い、農林水産業の就業者は2017（平成29）年現在、全産業の就業者のうち、わずか3・6％と衰退の一途である。それればかりか、東日本大震災の被災地をみても明らかなように、被災地の復興という名の国土強靭化《きょうじんか》のもと、２０２０年開催の東京五輪関連の競技場の建設など土建型公共事業の方が優先され、復旧・復興はいまだに十分果たせないため、被災者の移住が少子高齢化および人口減少に拍車をかけ、限界集落化している。

その結果、食料自給率（カロリーベース）は２０００（平成12）年以降、相変わらず38～39％と低迷しており、海がなく、日本と同様、国土の約７割が山岳部のスイスの57％よりも下回るという体《てい》たらくである（図終―1、図終―2）。

そこへ、新たなＴＰＰ（環太平洋経済連携協定）などの問題が浮上し、より安全な国内の農林産物や水産物の安定供給はますます不透明な様相を呈している。このため、このままでは地方災害はもとより、今後、首都直下地震や南海トラフ巨大地震が予想さ

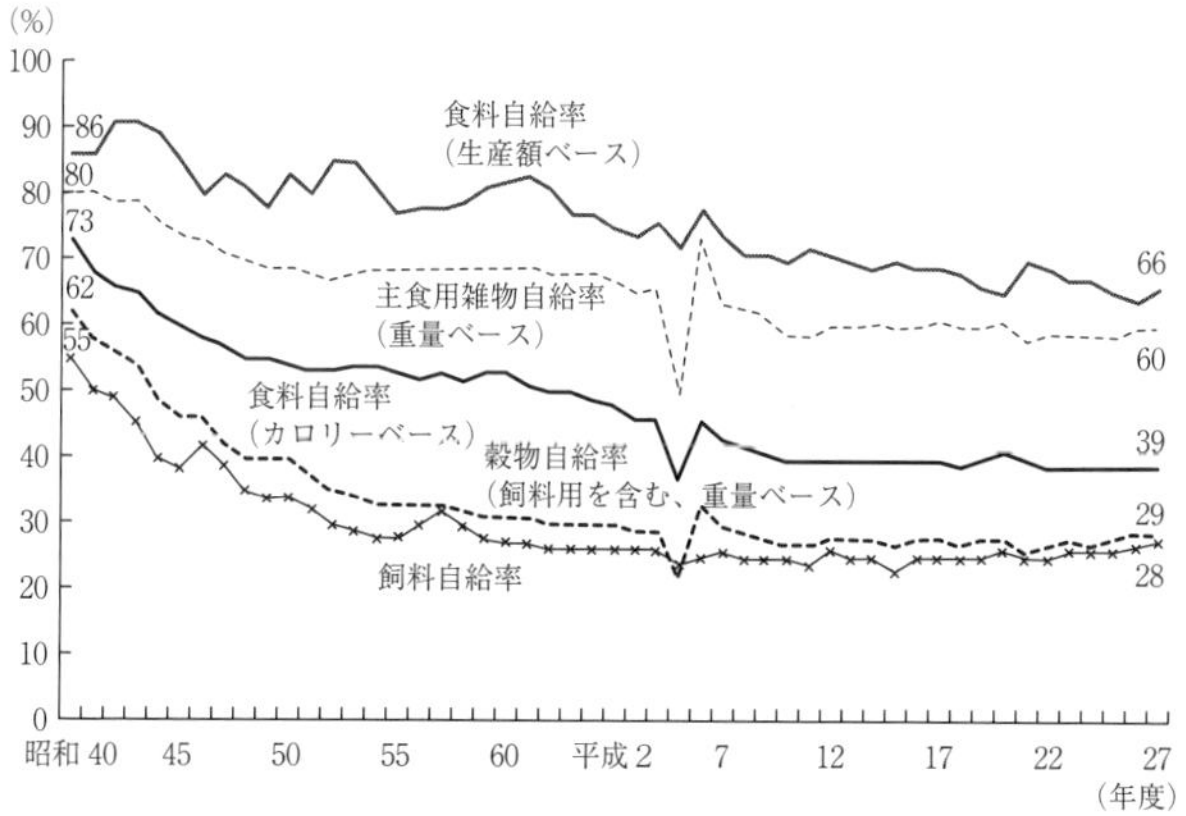

図終−1　日本の食料自給率の推移
（出典：農林水産省HP、2017年）

れている東京、大阪、名古屋の三大都市圏などは大都市災害に備え、被災者の食料や飲料水などの備蓄や避難生活、生活再建のためにも第一次産業を復興し、食の安定供給を図るべきである。

なお、飲料水やレトルト食品などのメーカーや小売店のなかには災害時、被災者に飲料水や非常食を支給すべく、ＮＰＯと協定を結んでいるが、その元となる食料を生産、出荷する農林水産業の復興なくして協定による支援もあり得ないことを政府は自覚すべきである(3)。

(2) 国民生活最優先の政治

ところが、肝心の政治は旧態依然として政官財の癒着《ゆちゃく》(4)により第一次産業よりも第二次産業や第三次産業、さらにはソーシャルネットワーキングサービス（ＳＮＳ）やＡＩ（人工知能）など第四次

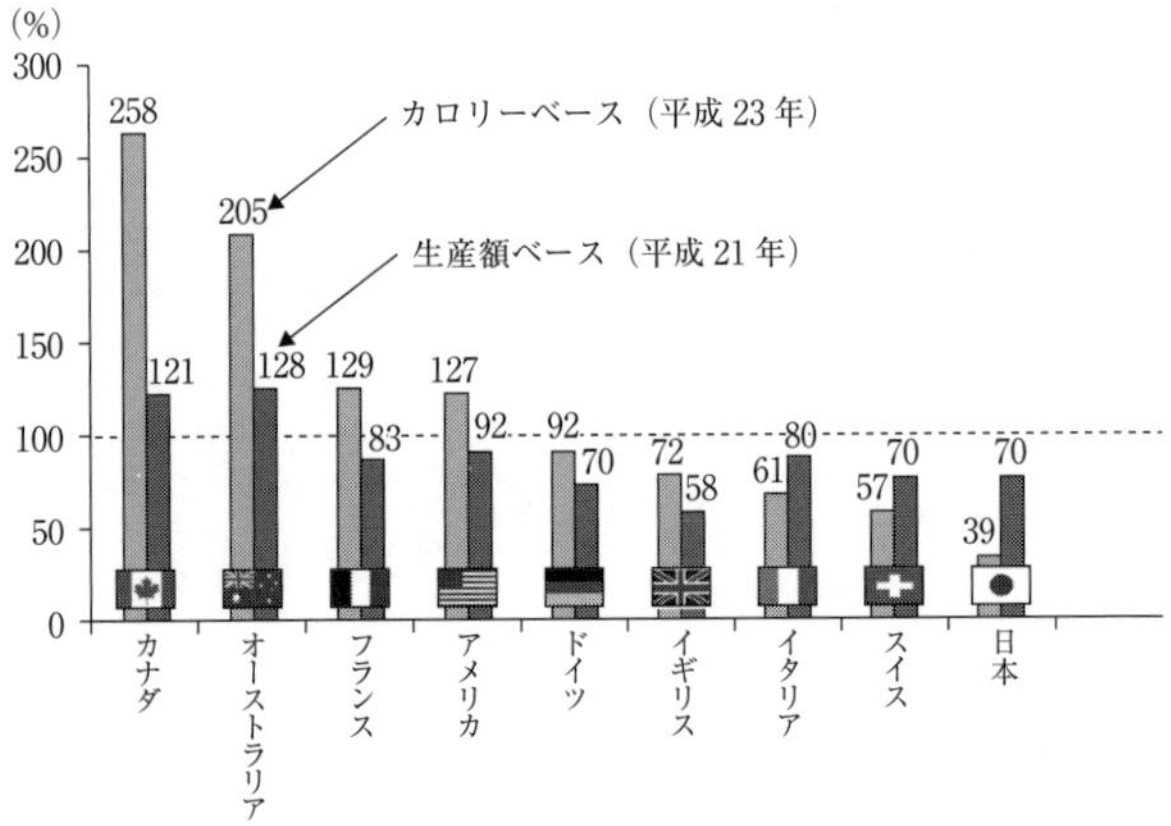

図終-2　主要国の食料自給率
（出典：農林水産省HP、2017年）

写真終-1　治外法権下の在日米軍基地
（名護市と宜野座村にまたがるキャンプシュワブにて）

産業に特化し、災害対策は二の次、三の次とされている。また、社会保障も少子高齢化や人口減少に伴い、財源の確保がますます必要となっているにもかかわらず、費用負担は増える半面、保険給付やサービスは縮減されるばかりある。

それだけではない。２０１６（平成28）年度現在、約４０６兆円に膨れ上がっている大企業の内部留保の放出には手をつけないうえ(5)、年間約１８６０億円の在日米軍駐留経費の日本側負担（思いやり予算）を続ける半面、社会保障費の年間の削減額に相当する総額約３６００億円を垂直離着機「オスプレイ」17機の購入に充てるなど対米従属を続け、アジア諸外国との平和外交どころか、むしろ「新・東西冷戦」の演出に肩入れしているかのような有様である。

この結果、ＧＤＰ（国内総生産）はアメリカ、中国に次いで世界第三位であるにもかかわらず、国民の生活水準は同二十三位(6)に甘んじているのが実態である。このため、国民生活を最優先した政治に転換することが必要である(写真終—1)。

(3) 地方発の地域活性化

このようななか、政府は「1億総活躍社会」、「地方創生」、あるいは「働き方改革」などといいながらコンパクトシティ化(7)を推進、集権国家を強化しており、かつ東京、大阪、名古屋の三大都市圏に特化した経済政策に終始しているが、地方でもだれでも住み慣れた地域で基本的人権が尊重され、かつ生存権が保障され、いつまでも健康で安全・安心な生活が確保されるべく、平和を追求し、防災福祉文化の醸成や社会福祉の普遍化、「縦割り行政」の是正のほか、地方発の地域活性化に取り組むことが必要である。

たとえば、限られた財源と人材のもと、小・中学校の廃校や空き家、空き店舗、耕作放棄地を活用し、民泊による大都市の住民や毎年約2000万人(8)に及ぶ外国人観光客の長期滞在や就農の受け入れ、移住促進、「ふるさと納税(9)」、地域通貨(エコマネー)(10)、有償ボランティア、時間預託の会員制ボランティア活動を展開し、雇用を創出することである。このような地方自治や地域福祉、地域活性化を通じ、万一、災害を受けた際、互いに避難生活を支援し合う自助や互助、さらには共助の期待につながるのである。

たとえば、岡山市の森谷英憲氏は鳥取大学農学部で農業技術などを学んで岡山県庁入りし、各種農業技術の普及や観光物産などに従事したあと、同県農業大学校の校長を経たのち、仲間とカボチャやナス、キャベツ、ネギなどの無農薬野菜を栽培、スーパーに出荷して〝第三の人生〟を謳歌している。また、このような地域活動を通じ、スーパーの買い物客や友人、知人らに「農業を守らな国が亡びるけんね！」と訴えている。団塊世代の地域デビューとしてこのような世代の就農が今後、期待される例である（写真終－2）。

一方、群馬県南牧村《なんもくむら》は2017（平成28）年現在、人口約2300人、高齢化率61・3％、財政力指数0・14と県内34位の山村で、かつ60の

写真終－2　仲間と農業の大切さを訴える森谷氏
（岡山市内のスーパーにて）

写真終−3　地域共同体が健全な南牧村
（大日向地区の製材所にて）

地区のうち、43が高齢化率50％を超えており、嬬恋村とともに消滅可能性自治体として名指しされているが、昔ながらのコンニャクやネギの生産地や製材業が盛んな山村として知られている。

　また、住民の共同体意識も健在で、1997（平成9）年、台風9号に見舞われ、村を分断する南牧川が増水し、家屋が流出するおそれがあったものの、上流の住民が下流の住民を救援するなどして1人の犠牲者も出さなかった。約60人の村の職員も集落担当制を敷き、日ごろから各地区の区長を通じ、行政情報を共有したり、住民の安否確認や見守りに努めたりしている。また、空き家をリストアップし、就農や田舎暮らしを望む都市の住民など14世帯、26人（2014：平成26年現在）

を受け入れ、交流を通じて地域活性化を図っている(11)（写真終―3）。

一方、2017（平成29）年現在、人口が約2300人、高齢化率38・8％、財政力指数0・09で県内18位の島根県隠岐諸島の海士町《あまちょう》は2000（平成12）年、養殖岩カキの急速冷凍の技術を開発、首都圏などに出荷したり、内航船のターミナルに観光物産センター「キンニャモンニャセンター」を整備、役場の職員を常駐させ、ブランド牛の隠岐牛などを食事に出したりして観光物産に努めている。

写真終−4　岩カキの急速冷凍技術を開発し、地域活性化の海士町（同町の漁港にて）

また、後醍醐天皇の墓所など町内の観光名所を紹介したり、大学進学の受験塾を開設、大阪や東京などの予備校講師を塾の講師に採用、関西や関東の著名大学の合格者を出している。このほか、中途退職や定年後、田舎暮らしを望む都市のサラリーマンを積極的に受け入れたりして過疎化を食《く》い止めている（写真終―4）。

2　観光開発

（1）観光政策と社会福祉の融合

第二は観光開発である。なぜなら、上述したような農林水産業を観光資源として有効活用すべく、〝農福連携〟(12)、さらには観光政策と社会福祉を融合させ、雇用創出によって地域活性化を図ることが可能だからである。

そこで、筆者はこのような観光政策と社会福祉を融合させ、新たな雇用創出によって若者の都市への流出を防止し、地域活性化を図る一方、災害時の自助や互助、共助につなげるべく、観光福祉の必要性を提起している。

たとえば、２０１５（平成26）年現在、人口約21万人、高齢化率27・９％、財政力指数０・51で県内22位の長野県佐久市では内山地区の老人クラブが１９７２（昭和47）年、会員の老後の生きがいと地区を横断する国道２５４号線（総延長約９キロメートル）を往来する陸送トラックの運転手や行楽のマイカー族に楽しんでもらおうと、コスモスを植樹した結果、評判を呼び、以後、毎年秋の観光シーズン、東京の観光バス会社がコスモス鑑賞の日帰りツアーを企画するまでに発展した。

そこで、他の地区の老人クラブも同道路沿いにコスモスを植え、手入れをする一方、農家の主婦が道沿いの空き地に湯茶の接待をする休憩所を設けたほか、農作物の即売コーナーを併設し、地産地消に努めた。その結果、何と歌謡曲「コスモス街道」の舞台として紹介されるほど地域おこしになったのである(13)（写真終―5、写真終―6）。

(2) 被災地の復興・発展と観光

このような観光福祉によって地域活性化はもとより、被災地の復興を図っているのは、2016（平成28）年4月現在、人口約34万7000

写真終−5「コスモス街道」と名付けられた佐久市内の国道
（内山地区にて）

写真終−6 “農福連携”による地域活性化
（内山地区にて）

人、高齢化率28・1％、財政力指数0・68と県内10位の福島県いわき市の小《お》名《な》浜地区（旧小名浜市）である。

同地区は東日本大震災で最大4・2メートルの津波に襲われ、損壊した県営海洋水族館「アクアマリンふくしま」が被災したが、福島復興再生特別措置法にもとづき、4か月後、復旧させて事業を再開した。この結果、来場者は年間約56万人にまで回復し、東京電力福島第一原発と1999（平成11）年、臨界事故を起こした茨城県東海村のジェー・シー・オー（JCO）会社の核燃料加工施設に挟まれた立地で、かつ余震も続いているため、不安材料は完全には一掃されていないものの、福島の被災者の生活再建や被災地の復興のシンボルとなっている（写真終―7）。

一方、１９５９（昭和34）年、伊勢湾台風に見舞われ、死者３８４人を出した三重県長島町（現桑名市長島町）は１９６６（昭和41）年、伊勢湾に面した海浜部で天然温泉の掘削に成功したのを機にリゾートホテルや観覧車、ジェットコースター、熱帯植物園などを併設したテーマパーク「長島スパーランド」を誘致した。その後、アウトレットモールなども併設したところ、２０１５（平成27）年現在、人口約14万人、高齢化率24・7％、財政力指数０・86で県内４位と地域経済の発展に貢献している。

現に、地元名古屋や大阪などの行楽客が年間約５８２万人も訪れており、テーマパークとしては世界第16位、国内では千葉県浦安市の東京ディズニーランドに次ぐ来場者数を誇るなど一大観光地に変身、見事に復興し、大きな雇用の

写真終−7　小名浜地区の復興のシンボル、「アクアマリンふくしま」（いわき市の小名浜漁港にて）

場となっている（写真終―8）。

ただし、公共施設にあってはこのような〝ハコモノ行政〟による再興よりも被災地の瓦礫《がれき》の処理や除染、補償・賠償、仮設住宅や災害公営住宅(14)に代わる復興住宅の建設、民意を優先した防潮堤のかさ上げの断念、集団移転・移住への支援、地元の各種事業者の事業継続計画（ＢＣＰ）(15)による事業再開、雇用保険の失業給付（失業保険）の支給、事業資金の緊急低利融資、補助金の交付、義援金・支援金の受付・給付、災害ＮＰＯの税額控除、災害ボランティアの受け入れを行い、被災者の生活再建やインフラの復旧を最優先すべきであることはいうまでもない。

しかし、その一方で被災地の農林産物や水産物の即売コーナーを設置し、災害対策と地産地

写真終−8　伊勢湾台風の被災地に完成した長島スパーランド
（桑名市長島町の伊勢湾台風記念館にて）

消を兼ねて観光施設を修復し、観光福祉として推進すれば地域活性化や雇用創出につながり、被災地の復興を果たすこともまた、確かである。

（3）インフラ・ライフラインの整備

観光開発の最後はインフラとライフラインの整備である。

具体的には、前者は国民の福祉の向上と経済の発展のため、鉄道や道路、学校、病院などの公共施設などの整備で、東京、大阪、名古屋の三大都市圏などは十二分に整備されている。これに対し、地方の場合、農山漁村、それも限界集落を抱える過疎地域や離島は未整備きわまりない。

それだけではない。過疎化によって小・中学校の廃校や病院の閉鎖に伴い、電車や路線バスの利用客が減って赤字になったりしようものなら廃止されたり、代わりにコミュニティバスやデマンドタクシーが運行されても本数が少ないため、一家に数台もマイカーを保有しなければ生活が立ち行かない〝陸の孤島〟がザラである。

たとえば、前述した嬬恋村や軽井沢、草津などの有名なリゾート地でさえもマイカーがなければ農林業や観光業に従事することは困難である。しかも、道路が狭く、山あり、谷あり、崖ありと危険個所も少なくない。まして北海道や東北、北陸・信越、中国・四国、九州、沖縄の農山漁村や離島ともなればなおのこと深刻である（写真終―9）。

一方、後者は豊かな自然やいで湯、名刹など観光の見どころが多くありながら、電気やガスはともかく、下水道や観光センターが未整備なため、観光客などから敬遠され、地域活性化となっていないところも少なくない。また、宿泊施設も古民家や農家の離れを改造した民宿、ペンション、ゲストハウスが設けられていてもインフラの未整備もあって「開店休業」となっているところも少なくない。

とりわけ、外国人観光客にとって大きな〝壁〟となっているのは言葉の問題で、欧米人の場合、片言の英語とジェスチャーで何とかなるものの、近年、増え続けている中国人や韓国人の場合、観光センターもお手上げといった状態である。そこで、万一、災害でも発生した場合、彼らの避難誘導などできるわけがない。

いずれにしても、観光開発にあたっても旧態依然

写真終−9　有名なリゾート地でも交通の便が悪い温泉郷もある
（栃木県那須町にて）

とした集権国家のままの中央の目線による「観光立国の実現」では限界がある。その意味で、スイスのように分権国家のもと、地方においてもインフラとライフラインを十二分に整備し、名実ともの観光政策によって地域活性化を図るべきである（写真終−10）。

写真終−10　厳冬期でも運行するスイスの登山電車
（グリンデルワルトにて）

3　災害対策への止揚

（1）観光福祉と災害対策

最後に、第三は災害対策への止揚である。なぜなら、これまで紹介してきた嬬恋村など地方災害にあっては東京、大阪、名古屋の三大都市圏やその他の政令指定都市、中核市(16)など都市災害と異なり、地場産業である農林水産業と観光政策を融合した観光福祉と災害対策による取り組みにより、災害対策へと止揚することができるからである。

たとえば、２００７（平成19）年、M６・９の能登半島地震に見舞われた石川県輪島市は２０１７（平成29）年現在、人口約2万８０００人、高齢化率43％、財政力指数０・18で県内22位であるが、黒島地区は災害を受けたその年、江戸時代から明治にかけ、損壊した商家などが並ぶ街道を住民主導によって復元、地区全体を国の重要伝統的建造物群保存地区に指定され、観光資源として脚光を浴びることになった。

また、前述した長島町は「長島スパーランド」の誘致の成功に伴い、毎年、多額の固定資産税や法人税などの税収を見込み、今後、想定される南海トラフ巨大地震への対策に公費を投入、町内の伊勢湾に注ぐ木曽三川(17)の河口の高潮防潮堤のかさ上げや伊勢湾台風記念館のオープンな

写真終−11　木曽川右岸で建設が進むヘリポート
（後方は養老山脈：桑名市長島町にて）

どを通じ、地元の小・中・高校生や成人を対象に防災教育を実施している。また、２０１６（平成28）年、木曽川右岸にヘリポートを整備するなど防災福祉コミュニティの形成に努めている（写真終−11）。

一方、２０１５（平成27）年現在、人口約４７００人、高齢化率29・5％、財政力指数０・18と県内28位の和歌山県すさみ町は南海トラフ巨大地震に備え、町内各所に津波避難タワーや避難ビルを設置、役場や消防署、警察署、小・中学校、体育館などの高台移転を進めている。また、国道42号線沿いの景勝地の旧中学校の跡地を活用、水族館やレストラン、地元の農産物や水産物などの即売コーナーを併設した地域振興交流施設をはじめ、社会福祉施設とも併設した広域防災拠点「道の駅すさみ」の整備を進め、防災福祉コミュニティの形成に努めている(18)(写真終―12)。

(2) 救援・復旧・復興・発展

災害時の被災者の救援や被災地の復旧、復興・発展では平常時、姉妹都市提携を結んでいる市町村や県内の介護保険広域連合(19)、地域保健医療協議会(20)、さらには災害ボランティアとして職員を派遣した被災地の市町村と災害時相互応援協定や受援協定を締結し、災害時の被災者や被災地の救援や復旧、復興、さらには発展にともに協力し合うことが必要である。

たとえば、岩手県遠野《とおの》市(21)は2017(平成29)年7月現在、人口約2万8000人、高齢化率38・0%、財政力指数0・27の北上山地の盆地の山里で、1978(昭和53)年、M7・4の宮城県沖地震で市役所が一部損壊した。このため、2007(平成19)年、地震・津

写真終－12　福祉、観光、防災の機能も併せ持った「道の駅」(すさみ町にて)

波災害における後方支援拠点施設整備構想を提唱、市郊外の運動公園を自衛隊や警察官、消防署員、消防団など災害時の支援部隊のベースキャンプやヘリポート、県立遠野病院を被災者の治療や被災地への医師、看護師の派遣などの災害医療拠点、支援物資の集積や給付拠点施設として整備、住民参加による防災訓練を繰り返していた。

そこへ東日本大震災が発生したが、早速、この経験を生かし、各地から津波の被災地の三陸地方に寄せられた支援物資を仕分けしたり、災害ボランティアの人たちを受け付けたりして宮古、釜石、大船渡、陸前高田市など被災地へ配給や派遣をする後方支援に努めた。これは、ややもすれば各地から寄せられた支援物資や災害ボランティア、さらには職員の被災などで人手不足となり、大混乱する被災地における連絡・調整機能を仲介、後方支援として見事に発揮した「遠野モデル」として高く評価されている。

また、市はその成果を、懸念されている首都直下地震や南海トラフ巨大地震などの際に参考にしてもらえればと、２０１５（平成27）年、同市総合防災センターの一角に当時の活動の写真や記録紙、新聞記事などを一堂に集めた後方支援資料館をオープンし、無料公開することになった。さらに翌２０１６（平成28）年、東京都調布市と災害時相互応援協定を締結するなど、複数の自治体との共助による災害対策の充実に努めている（写真終―13）。

一方、２０１７（平成29）年7月現在、人口約７０００人、高齢化率38・3％、財政力指数０・

20、町の約9割が山岳部の鳥取県智頭町は2010（平成22）年、都市の住民を対象に1人コース1万円、家族2人コース1万5000円、同3～4人コース2万円の計3つのプランを用意、災害時に保護し、かつ1日3食、最長7日間、食事を提供して避難生活を支援する。幸い、災害時がなかった場合、相当の農産物を支給する「疎開保険」を制度化、好評を博している。

ただし、このような地方における創意工夫による地域活性化はしょせん、自治体や住民、社協など関係者による自助と互助、災害ボランティアの共助、いわゆる内発的努力による発展にすぎず、根本的には政府の公的責任としての公助、すなわち、地方分権化や地方自治の本旨を通じ、防災福祉コミュニティを形成することが絶対的な条件である。このため、災害特別区域（特区）

写真終−13　東日本大震災で後方支援した資料を展示している資料館（岩手県遠野市の後方支援資料館にて）

などといって規制緩和や税制優遇を講じても真の地域活性化や地方自治の本旨ではない。ましてや、高度経済成長期、石油に変わる「第三の火」、あるいは「廉価で、かつ安全な自然エネルギー」と吹聴、財政力指数が脆弱な地方に対し、財政支援や雇用創出の美名のもと、商業炉だけでも全国に54基(22)もの原発の建設を受け入れさせ、東京電力福島第一原発事故が未収束で、かつ放射性核燃料物質の最終処理技術の未開発や巨額の廃炉作業、最終処分場の確保の見通しが困難であるにもかかわらず、政府は２０１４（平成26）年、今後の中長期的なエネルギー基本計画において原発は引き続き重要な電源として譲らず、「新規制基準」を満たす原発の再稼働を推進している。

また、ウクライナ共和国（旧ソビエト社会主義共和国連邦）のチェルノブイリ原発は事故後、すでに約30年経っているものの、被災地は放射線量が今なお高く、廃炉作業も続いているなど事故処理の収拾に見通しがつかないなか、東京電力福島第一原発事故による損害賠償を求める訴訟は２０１７（平成29）年5月現在、３９６件あり、うち、１７０件は係争中、また、避難者らの集団訴訟は28件、原告は約1万４０００人に上っている(23)。このため、在任中、新自由主義のもと、郵政民営化などを進め、全産業の約４割が任期制雇用となるなど今日の分断社会を演出した歴代の一部の元首相や原発推進派だった自治体首長も脱原発を提起し、原子力政策の転換を政府に問い質している有様である。

このほか、東京電力福島第一原発事故の自主避難者の数も2017（平成29）年3月末、「帰還困難区域」の住民に出していた復興庁の指示が解除されたのを機に、各地に自主避難している住民の数を以後、統計処理せず、人数の減少に影響を与えているとの報道もされている(24)。それればかりか、原発は有事の際、核兵器の燃料に転用できるため、今後の国際情勢によってはテロリズム（テロ）の標的や核戦争に巻き込まれかねないほどの危険物である。その意味で、世界唯一の被爆国の日本ならずとも原発は廃炉以外の何物でもない。

したがって、万一の事故の際の避難計画を策定し、避難訓練に努めたり、周辺の住民にヨウ素剤を事前配布したり、避難者用の災害公営住宅などを建設したりして「仮のまち」などとし

写真終−14　真の復興はあり得るのか、疑問視される東京電力福島第一原発事故の被災地（福島県双葉町にて）

て対処しようにも限界があることを政府は自覚すべきである（写真終―14）。

（3）地域福祉と地域防災

再三述べたように、政府は災害対策基本法にもとづき、各市町村に対し、地域防災計画の策定および改定を指示する一方、緊急地震速報の運用や避難勧告などについて「避難準備情報」を「避難準備・高齢者等避難開始」、また、「避難指示」を「避難指示（緊急）」に改めたり、「ドローン」を活用したりするなど新たな災害対策に努めつつある。これを受け、各自治体では地震や津波、豪雨、台風などの風水害などに備えるべく、地域防災計画を改定、住民に対し、食料や飲料水の備蓄、防災用品の備え付け、防災意識の醸成、防災訓練に努めているが、地方によっては河川の氾濫や増水、堤防の決壊、火山噴火、原子力災害のおそれもある。また、無医地区もあるため、救命救急など「広域災害」への対応も急がれている。

たとえば、２０１５（平成27）年現在、人口約1万人、高齢化率36・3％、財政力指数0・19と北海道で第91位の北海道美瑛町《びえいちょう》は２０１２（平成24）年、防災行政無線とは別に、大規模災害や十勝岳の火山情報をいち早く住民や登山者に伝えるため、携帯電話会社と契約し、気象庁配信の災害情報緊急速報メール、「エリアメール」を開設した。もっとも、シェルターを整備しているのは有珠山の虻田町《あぶたちょう》と十勝岳の美瑛町しかない。

また、２０１５（平成26）年1月現在、人口１７６１人、高齢化率35・6％の泊《とまり》村は北海道電力泊原発１基を抱えているため、財政力指数は1・88と道内トップを占めているほか、青森県東通村に東京電力、東北電力東通原発と使用済み核燃料再処理工場があるため、地震や津波による原発への影響や災害時の避難経路の安全を疑問視する双方の住民から再稼働の停止などを求める仮処分や訴訟が起きており、地域防災計画や避難計画に疑義がある。とくに東京電力福島第一原発事故のため、全住民が各地に避難した福島県浪江町では２０１７（平成29）年9月現在、住民の1～2割しか帰還していない。

そこで、地域防災計画や地域福祉計画、地域福祉活動計画の策定、改定による避難計画どころか、野生動物の被害の除去や民家の放射能の線量が依然として高いため、各地に避難生活を強いられている住民たちは本当に帰還できるのか、途方に暮れている。また、「3日間だけの食料や飲料水の備蓄で大丈夫なのか。さらには避難所の安全性や避難経路の有効性、生活再建、復旧・復興、災害ボランティアや支援物資の受け入れ、自主防災組織率、他の自治体との災害時相互応援協定および受援協定の見通しなど不安材料は尽きない」など、帰還した東京電力福島第一原発事故で帰還できない住民たちの声は深刻である。

ちなみに、２０１６（平成28）年現在、人口約71万人、高齢化率24・7％、財政力指数０・78と県下では第1位の岡山市は他の市町村と比べ、地震や津波、風水害、火山噴火、原子力災害などのおそれは比較的少ないといわれているものの、地域防災計画のなかで中区江波、東区水門町、南区小串を津波の危険個所とし、住宅の2～3階や学校、公民館、コミュニティハウス、公園、高台に避難すべく、町内会に対し、学区別に地域防災マップと避難計画を策定するよう、各町内会に年間2万円補助している。

また、2015（平成27）年現在、40%にとどまっている自主防災組織の組織率を2025（平成37）年までに70%に達する目標を掲げ、町内会を指導しているほか、婦人防火クラブと連携を図るよう、指導している。さらに、地域福祉活動計画で地区（支部）社協ごとに高齢者や障害者、児童、妊婦など災害時要配慮者支援体制の構築をめざし、防災まちづくり学校を年8回、1回当たり定員50人で実施しているが、地区防災計画の策定までには至っていない。

一方、南海トラフ巨大地震の際、17～35分以内に最大34・4メートルの津波が襲うとされる高知県黒潮町は2015（平成27）年現在、人口約1万2000人、高齢化率41・0%、財政力指数0・20と県内で第17位であるが、地域防災計画と地域福祉計画および地域福祉活動計画を一体的に策定、かつ地区（支部）社協ごとに災害時要配慮者支援体制の構築をめざし、地区防災計画の策定を急いでいる。

また、鹿児島県は2008（平成20）年、県地域防災計画にもとづき、地元鹿児島市や垂水《たるみ》市、京都大学火山研究所、国土交通省大隅河川国道事務所、鹿児島地方気象台などの協力を得て桜島火山防災協議会を設け、島内および島外の住民を対象に避難計画を策定し、幹線道路沿いに噴石除《よ》けのシェルター32か所、船着場脇に同20か所設置している。このほか、島内や鹿児島市内の消防車両の屋根の上に噴石除《よ》けの金網、ウインドーガラスに庇《ひさし》を取り付けているほか、主要な河川に土石流センサーと監視カメラを設置、常時監視している。さらに、一定以上の火山灰の降灰が確認されると家庭に克《こ》灰袋を配布、回収したり、「大正大噴火」が発生した毎年1月12日、市営フェリーや漁船を使って避難訓練を実施している。

　しかし、噴火警戒レベル「4」の見直しに伴い、急きょ昭和火口や南岳の火口から3キロメートル圏内の有村、古里、黒神地区の計51戸、77人の住民に「避難勧告」を出し、全

写真終−15　住民の防災意識に努める自治体
（鹿児島県庁にて）

員が島内の公民館などに避難させているが、日常茶飯事化した噴火に伴う降灰に慣れたのか、約60万市民の防災意識は風化しつつあるとの声も聞かれている（写真終―15）。

いずれにしても、「日米同盟の強化」や「安全なクリーンエネルギー」などといって地方にばかり在日米軍基地や原発を押しつけ、災害対策にイマイチ力が入っていない政府に対し、防災福祉コミュニティの形成のための公的責任としての公助を今後とも引き続き強く求める一方、浅間山大噴火被災地を日本一の高原キャベツ村として、また、軽井沢、草津温泉に匹敵するほど農業と観光業で見事に発展させた群馬県嬬恋村の先人たちに負けない地方におけるニューリーダーの登場が期待されているのではないか。そして、地方から大都市、さらには国へというボトムアップ、言い換えればソーシャルガバナンス[25]により、公助をベースに自助、互助、さらには共助によるベストミックスとして防災福祉コミュニティの形成、さらには世界の防災[26]をリードする防災福祉国家、および平和・福祉国家、日本の地平を拓《ひら》くことができる。中世から国民の自立と連帯、さらには分権国家として農業の保護や環境の保全、官民をあげての観光福祉、公共交通機関などインフラとライフラインの整備、防災、さらには国防に努めているスイスに学ぶ必要もそこにある[27]。

【注】

(1) 林産物はキノコやタケノコ、ブドウ、クリなどの山菜や果実など。

(2) 戦後の産業・就業構造の変化や食生活の欧米化、コメ離れを受け、政府が1970年から着手した農業政策で、協力した農家には交付金が支給された。もっとも、社会保障費などの急増による財源の逼迫《ひっぱく》を理由に2013年、廃止し、交付金も徐々に減らし、2018年度には全面的に廃止の予定。

(3) 2017年9月2日付「朝日新聞」。

(4) 原発事故など大規模災害の際の日米防衛協力のための指針(ガイドライン)による防衛協力、原発業界による国会議員および政治団体への政治献金、経済産業省など官僚OBの天下り受け入れ、前原子力委員会(現原子力規制委員会)委員への寄付金、メディアへの広報宣伝費、さらには電力各社労働組合の労使協調や原発事故被災地の甲状腺検査、司法当局の捜査・判断上の忖度《そんたく》などの指摘。

(5) 財務省HP、2017年。

(6) アイルランド「インターナショナルリビング」の「生活の質に関する国別ランキング」、2014年。

(7) 中心部に周辺の公共施設や学校、公園、店舗、住宅を結集させる自治体版ビッグバン。青森、富山市が有名。

(8) 観光庁HP、2017年。

(9) 国民の有志だけでなく、事業者も自治体の事業に寄付をすると税の負担が軽減される「企業版ふるさと納税」もある。

(10) 特定の地域で買い物などをできる互助の商品券など仮想通貨。

(11) 拙著『脱・限界集落はスイスに学べ』農文協、2016年。

(12) 農業と社会福祉を連携、農作物の地産地消や従事者の生きがいの促進を図る政策や事業。
(13) 前出『観光福祉論』。
(14) 自宅を失った被災者に対し、自治体が収入に応じ、月額1万5000～2万5000円を限度に賃貸する公営住宅だが、期限付き。
(15) 災害時 中小企業の事業主がその後も事業を継続すべく、政府や自治体による支援を受けるための計画。
(16) 政令指定都市（政令市）は人口70万人以上、中核市は同20万人以上。
(17) 愛知、岐阜、三重県に流れる木曽川、揖斐川、長良川の三つの総称。
(18) 拙著『防災福祉のまちづくり』水曜社、2017年。
(19) 2000（平成12）年度から始まった介護保険の公平・公正な運営のため、複数の自治体が創設、実施している地方自治体。拙著『介護保険再点検』ミネルヴァ書房、2014年。
(20) 都道府県内の二次医療保健圏域を単位に創設、運営する地域保健・医療・福祉の連携および推進機関。
(21) 拙著『老人保健福祉計画レベルチェックの手引き』中央法規出版、1994年。
(22) うち、廃炉の予定の原発は2017年9月現在、5基。
(23) 2017年7月4日付「朝日新聞」。
(24) 2017年8月28日付「朝日新聞」。
(25) 国民協治。トップダウンによるソーシャルガバメント（国家統治）の反対語。くわしくは拙著『地域福祉とソーシャルガバナンス』中央法規出版、2007年。
(26) 1989年の国連総会での「世界防災の年」の採択以来、各国で世界防災会議を開催。日本では過去、横浜、神戸、仙台市で開催。
(27) 前出『脱・限界集落はスイスに学べ』。

おわりに

一口に被災地の復興・発展と防災福祉コミュニティの形成といっても地方と都市ではそれぞれの地勢や過去の災害、今後、想定される災害によって大きく異なるため、一概にどうこうとはいえない。まして少子高齢化や人口減少で過疎化し、限界集落化している農山村や漁村などと人口急増の東京、大阪、名古屋の三大都市圏など大都市ともなればなおのことである。

このような認識のもと、本書では農山村や漁村など地方における災害と防災福祉コミュニティの形成に焦点を当て、浅間山「天明の大噴火」の被災地、上野国吾妻郡鎌原村（現群馬県嬬恋村鎌原地区）の生存者の自助や互助、周辺の村の名主の共助、藩や幕府の公助による復旧・復興およびその後、明治から今日までの発展を紹介し、政府および自治体の公的責任としての公助、国民・住民の自助、互助、災害ボランティアなどの共助による防災福祉コミュニティの形成の方策について述べた。

その意味で、本書が少しでも参考になれば幸いであるが、追って首都直下地震や南海トラフ巨大地震などが憂慮されている東京、大阪、名古屋の三大都市圏における災害と防災福祉コミュニティの形成についても上梓し、地方、都市を問わず、だれでもどこでも住み慣れた地域で基本的人権が尊重され、かつ生存権が保障され、いつまでも健康で安全・安心な生活が確保されるべく、持続可能な地域の発展の必要性を提起できればと考えている。

いずれにしても、賢明な読者諸兄姉におかれては今後も忌憚のないご意見やご指導、ご叱正をいただければ幸いである。

２０１８（平成30）年新春

川村　匡由

参考文献

1　群馬県火山防災対策連絡会議「平成28年版　火山噴火（爆発）防災計画」２０１７年。
2　嬬恋村「浅間山火山防災マップ」１９９６年。
3　嬬恋村「嬬恋村災害対応ガイドブック『生き抜く術の心得帖』」２０１６年。
4　嬬恋村「第五次嬬恋村総合計画」２０００年。
5　嬬恋村「２０１０年村政要覧」２００９年。
6　嬬恋村「平成26年統計調査結果―嬬恋村統計書」２０１６年。
7　嬬恋村「嬬恋村景観計画（素案）」２０１３年。
8　嬬恋村「嬬恋村過疎地域自立促進計画（平成22～平成27年度）」２０１０年。
9　農林水産省「国営農地開発事業『嬬恋地区』評価結果基礎資料」２００８年。
10　嬬恋村・嬬恋村社会福祉協議会「愛 夢 人 ふれあい計画（嬬恋村地域福祉計画・福祉活動計画）」２０１６年。
11　松島榮治『広報つまごい』No.646「シリーズ・嬬恋村の自然と文化」２００５年ほか。
12　釜石市「東日本大震災・釜石市証言・記録集『伝えたい3・11の記憶』」２０１６年。
13　釜石市「東日本大震災・釜石市教訓集『未来の命を守るために』」２０１６年。
14　三陸地域災害後方支援拠点施設整備推進協議会「提案書―地震・津波災害における後方支援拠点施設整備―」２００７年。

15　遠野市社会福祉協議会・遠野市災害ボランティアセンター「3・11　東日本大震災の記録～『市民、関係団体との協働』～」２０１５年。
16　静岡県「避難所運営マニュアル」２００７年。
17　川村匡由『地域福祉源流の真実と防災福祉コミュニティ』大学教育出版、２０１６年。
18　川村匡由『防災福祉のまちづくり』水曜社、２０１７年。
19　川村匡由『脱・限界集落はスイスに学べ』農文協、２０１６年。
20　川村匡由『地域福祉とソーシャルガバナンス』中央法規出版、２００７年。
21　川村匡由「東日本大震災および東電原発事故と地域福祉」『地方自治　職員研修・臨時増刊』２０１１年7月号、公職研。
22　気象庁ＨＰ、http://www.jma.go.jp/
23　嬬恋村ＨＰ、http://ｗｗｗ.vill.tsumagoi.gumma.jp/

■著者略歴

川村　匡由（かわむら　まさよし）

1969年　立命館大学文学部卒。

1999年　早稲田大学大学院人間科学研究科博士学位取得、博士（人間科学）。

現　在　社会保障学者・武蔵野大学名誉教授、福祉デザイン研究所所長、地域サロン「ぷらっと」主宰。山岳紀行家。

主　著

『地域福祉源流の真実と防災福祉コミュニティ』大学教育出版、『防災福祉のまちづくり』水曜社、『脱・限界集落はスイスに学べ』農文協、『介護保険再点検』ミネルヴァ書房、『地域福祉とソーシャルガバナンス』中央法規出版ほか。

＊川村匡由のホームページ
http://www.geocities.jp/kawamura0515/

地方災害と防災福祉コミュニティ
――浅間山大噴火被災地復興・発展の教訓――

2018年 4 月25日　初版第 1 刷発行

■著　　者―― 川村匡由
■発 行 者―― 佐藤　守
■発 行 所―― 株式会社 大学教育出版
〒700-0953　岡山市南区西市855-4
電話 (086) 244-1268㈹　FAX (086) 246-0294
■D　T　P―― 難波田見子
■印刷製本―― モリモト印刷㈱

© Masayoshi Kawamura 2018, Printed in Japan

検印省略　　落丁・乱丁本はお取り替えいたします。

本書のコピー・スキャン・デジタル化等の無断複製は著作権法上での例外を除き禁じられています。本書を代行業者等の第三者に依頼してスキャンやデジタル化することは、たとえ個人や家庭内での利用でも著作権法違反です。

ISBN978-4-86429-511-6